『あしたのジョー』とその時代

森彰英

《目次》

装丁　新田純

『あしたのジョー』とその時代

第一章　ジョーはこう闘い、こう生きた

『あしたのジョー』が誕生するまで

「週刊少年マガジン」誌上で『あしたのジョー』の連載が始まったのは、昭和43年1月1日号からであった。この雑誌の実売は発行日の日付よりも1週間先行しているから、読者は昭和42年の年末に初めてこの作品に接した。

『あしたのジョー』（高森朝雄／原作・ちばてつや／漫画）のオープニングは次のように展開される。一ページ大に描かれた東京の俯瞰図。東京タワーやビル群に重ねて「東洋の大都市といわれるマンモス都市東京―」。やがてカメラがズームインするように貧しい街並みが映し出されて「そのはなやかな東京のかたすみに―ある……ほんのかたすみに―」「道ばたのほこりっぽいふきだまりのような」「そんな間があるのをみなさんはごぞんじだろうか――？」とあって、銭湯や簡易旅館や屋台が軒を並べる無人の街路を一人の人物が歩いている俯瞰図にかぶせて、「この物語はそんな街の一角からはじまる……」という説明がかぶせられる。

やがてその人物の全身像が示される。ハンティング帽にジャンパーにスニーカー、肩にザックという軽装の旅がらす風。彼は道路に寝ている酔いどれの老人を踏んづけたと、老人から因縁を付けられる、いつ間にか集まってきた土地の住人たちに取り巻かれて喧嘩になるが、一撃で老人は倒される。しかし老人は言う。「どうだい……いっちょうおれと組まねえか？　おめえ拳闘やってみる気はねえか。拳闘をよ」。この長編漫画のテーマがここで明らかになる。だが、二人の素性が明らかになってくるのはさらに話が進行してからである。

初出から半世紀近くを経て『あしたのジョー』といえば、ボクシングをテーマにした男と男の物語であるということは、漫画に関心を示さない人でも知っている。壮絶な打ち合いシーンを話題にする人は多いが、物語の冒頭に登場する風来坊のような若者は野心満々のボクサー志望ではない。ここまで読んだ人はこれから主役になるであろう人物の謎めいたキャラクターに興味を持ち、物語がこれからどう発展するかを期待したのではないだろうか。長篇漫画の書き出しとしては成功である。いま振り返ると、その裏側には原作者と漫画家がこの作品に賭けた熱烈な思い入れと、雑誌編集者の念入りな準備がうかがわれる。本書の第三章「実録・『週刊少年マガジン』編集部」でも詳しく触れることになるが、『あしたのジョー』誕生前夜の背景をここに書いておく。

「週刊少年マガジン」編集部内で梶原一騎原作の長編漫画新連載のプランが検討され始めたのは『あしたのジョー』が始まる一年半前、昭和41年夏頃からだった。当時の編集長、内田勝によれば『巨人の星』に続き、梶原にぜひもう一本の原作を提供してもらうべく準備を進めたのは、『巨人の星』の構想がまとまる前に梶原と固めた二つの基本設定――父と子のドラマと師弟のドラマのうち、師弟のドラマをぜひ具現化するためであった。

父と子のドラマとして基本設定した『巨人の星』は大ヒットした。これで勢いを得た「週刊少年マガジン」は昭和42年夏にはライバル誌「週刊少年サンデー」（小学館）を倍近く引き離して100万部の大台に乗った。ここで懸案の師弟のドラマの構想固めに取りかかったのである。

師と弟子といえば昔の武道が思い出されるが、現代のスポーツでマン・ツー・マンの関係を描くとすれば何がよいか。それより前に、梶原と内田の話し合いは、さまざまな物語や逸話に描かれた師弟関係をテーマに重ねられた。ある日、話し合いの後で食事に出かけたレストランで梶原は、ボリュームたっぷりのステーキに舌鼓を打ちながら内田にこんな話を聞かせた。

ボクシングの選手にとって何よりもつらいのは減量である。ランキングボクサーの某から聞いた話として、ランニング中に道に落ちていた靴底がおいしそうなステーキに見えたという逸話を披露してから梶原は言った。

「それほど苛酷なトレーニングを経てこそ勝者になれるんだね。つまり、勝敗はリングに上がる前にすでについているということなんだね」

この言葉に内田は即座に反応した。

「あっ、梶原さん、今度の作品はそれで行きましょう。〝靴底がステーキに見える〟ほどの苛酷な〝今日〟を生きて、精神と肉体のすべてを〝あした〟に賭ける師匠と愛弟子の物語を」。

ちなみに内田勝のこの記述は彼の著書『奇の発想』みんな少年マガジンが教えてくれた」に登場する。この部分だけを読むと、原作者と編集者が一瞬のうちに意気投合して名作が誕生したようにも見えるがそうではない。その後で内田が書き添えている「〝勝敗はリングに登る前にすでに決している〟の言葉どおり、それは長い陣痛を経ての誕生であった」という背景が、いまあらためてこの作品を味わう前提として必要なのである。

ジョーという命名、タイトルの由来

『あしたのジョー』誕生のいきさつを内田以上に詳しく書き記しておいてくれたのが、当時「週刊少年マガジン」の副編集長であった宮原照夫である。宮原は内田とともに梶原一騎としばしば打ち合わせを重ねていたが、『巨人の星』の次回作については内田以上に思い入れが深かった。宮原は主人公の設定やストーリーづくりの前に今の時代を次のように把握していた。

時代は高度成長の真っただ中にあった。カネ・カネ・カネの時代になっていた。労使の対立、学校側と生徒の対立、左翼と右翼の対立、左翼同士の紛争、日本は殺伐とした雰囲気に包まれていた。日本人の心はどこへ行ってしまうのか。そんな世の中に無縁な男を主人公に、ニヒルだが、しかし無垢に生きる男とヤング群像の青春、心のヒダの触れ合いを描くことはできないか。『巨人の星』が問いかけた、明日を目指すドラマではなく、今日を精一杯に生き、昭和40年代日本人の裏面に潜む何かやりきれない陰影のようなものを打ち砕く、そんな漫画、純文学のような漫画は作れないか。

宮原はこんな思いをこめた企画書を書き、梶原と話し合いを進めていた。ボクシングの世界を題材にする方向で話は進んでいたが、宮原が危惧していたのは次の点であった。野球はマスのゲームで様々なドラマが作れるが、ボクシングは一対一の闘いで極めてシンプル、しかも闘いの場所は狭いリングの上。はたして長期連載に耐えられるだろうか。この危惧を打ち払ったのが、内田の心を揺さぶった「格闘技というものはリングに登ったときには、すでに勝負がついている」という減量苦を乗り越えるエピソードの数々であった。

さらにリング上で死んだボクサー、リングを降りてから帰らぬ人になったボクサーの実例に接するうちに、宮原はボクシングとは死と隣り合わせのスポーツだと実感した。後に彼は著書「実録！　少年マガジン編集奮闘記」にこう書き留めた。

「〝己に勝つ〟ことが要求される厳しいこのスポーツこそ、〝漫画版純文学〟にふさわしいテーマだと、ワタシは次第にのめり込んでいった。しかし、〝己に勝つ〟という哲学的なテーマが果たして漫画になるのか、そして読者が本当に読んでくれるのか、未知への挑戦は胸が震える思いと不安でいっぱいだった。」

原作の基本設定はしだいに固まってきたが、漫画家をどうするか。宮原は企画を編集会議に提案する前から一人の漫画家が意中にあった。ちばてつやである。ちばは昭和14年東京生まれ、梶原より学年で二つ下に当たる。幼少期を満州で過ごし、日大一高を卒業後漫画家になり、当初は少女漫画で活躍していた。

少年雑誌へのデビューは36年の『ちかいの魔球』で、以来「少年マガジン」を舞台に『ハチのす大将』『紫電改のタカ』などヒット作を出し続けていた。新連載のプランが浮上した頃は『ハリスの旋風《かぜ》』を描いていた。この作品はテレビアニメ化され「マガジン」の部数増加に貢献していた。

しかし宮原には恐れがあった。ちばの作風はアットホームだが、今度の作品ではそれを突き抜けた境地に達することができるか。また、ちばは原作通りに描いていく漫画家ではない。

一方、梶原は原作の一字一句に忠実な描写を要求し、漫画家が手を加えたり変えたりすると怒りをあらわにし、トラブルになることがしばしばあった。宮原は両者の間を奔走して、コンビ承諾が前提でなければ一度会ってもよいという内諾を取り付けた。

この時点においては、ちばのほうが梶原よりも格上である。ちばは後年にマスコミの取材に対して「ボクシングの資料を頼むよと言ったら原作者を連れてきちゃった」と語ったが、宮原はそれを否定している。宮原がちばに対して、ボクシングに精通している梶原さんに一度会ってみませんか、私なんかの資料集めよりはるかにいい知識・情報が得られますよと言ったところ、ちょっと考えた後で会見を承諾し、梶原も気軽にちばの仕事部屋に出向く意志を明らかにした。

この会見で、ちばはOKは出さなかったが心は動いたように見えた。このプロジェクトが本格的に始動したのは『ハリスの旋風』の連載終了が近づいた昭和42年初夏でちばのほうから「もう一度梶原さんに会って確認したいことがある。今度はボクのほうから出向く」という申し出があって梶原邸での会談が実現した。

やがて、ちばの頭の中では主人公のイメージが固まりつつあったが、その時点では作品のタイトルも決っていなかった。原作の第一回目に記されたタイトルは「四角いジャングル」、主人公は矢吹悟となっていた。宮原はこの名前に不満であった。彼は日本名ではあるが、片仮名で表記して洋風感を出したいと思った。今度の作品はボクシングを主題にしてはいるが、純文学風、哲学的表現を心がけなければただのボクシング漫画となってしまう。過去の文学作品の登場人物をあれこれ思い浮かべて思案するうちに、宮原は秘かに温めていたジョーという名前を使うことを考えた。日本名は丈でジョーと読ませる。これなら梶原案の矢吹という姓とも一致する。

ちば邸における最終打ち合わせで矢吹丈は即決されたが、タイトル案は4、5時間を経ても決まらなかった。一同沈思黙考状態で、最終的に残った「左のジョー」「一発屋ジョー」の題名を眺めていた。やむなく、どちらかを正式タイトルにすることで決定権は宮原に委ねられた。

雑誌1ページ大の紙一枚ずつにそれぞれの題名を書き出して、最後の決定に入ろうとした時、梶原が何か閃いたような表情をしたが、なかなか言い出さないでいる。「梶原さん、もったいぶらないで言いなさいよ」の声に励まされて、「ちょっと文学的すぎるかな」と照れながら「明日のジョー」。「明日を探す主人公のイメージが、鮮明になるのだ……」と言いそえた。全員がそれがいい、ピッタリじゃないですかと賛同した。

宮原は「明日のジョー」「あしたのジョー」と二つのタイトルを紙に書いて並べた。最終的には、いろいろな意味合いをこめた「明日」だからひらがなにしようということになり、『あしたのジョー』に決定した。

ひとつの時代を象徴するタイトルはこうして誕生した。原作者名の高森朝雄は梶原一騎の本名である高森朝樹を一字変えたもの。すでに『巨人の星』が梶原の名で人気を博しているので、ここでは別の名前を使うことにしたのである。

ボクシングの場面がなかなか出てこない

さて東京の吹き溜まりのような街に現れて、酔いどれの元ボクサーらしい男、丹下段平と出会った後のジョーはどうしたか。彼はおでんを一串盗んだ娘サチを救うために、地回りのヤクザ鬼姫会と闘って全員打ちのめして、ストリートチルドレンたちの喝采を浴びる。その闘いぶりに段平はますますジョーに惚れ込み、後を追い回す。やがて仕返しに来た鬼姫会と再度の乱闘。パトカーが駆け付け被害者のはずのジョーと段平は留置場に入れられる。

ここで段平はジョーに向かって身の上話をする。彼は昔、ボクサーだったが、タイトル戦を前に目を傷めて引退、ちっぽけなジムを開いたが、選手育成に失敗した。有望視された若いボクサーは段平の指導に反発して去って行く。

「拳闘ひとすじに打ち込んで、いまだ妻も子もない片目の負け犬が、自分にふさわしいねぐらを求めたどりついたのが、このドヤ街だった」と彼は自嘲するが、「だが、いまにきっと」とジョーを見て呟く。

段平はジョーに対して条件を出す。生活の面倒を見てやるし、小遣いも与えるから俺の指導のもとにボクシングの練習をしろと。ジョーはこの話に飛びついてランニングなど言われた通りの日課をこなすが、段平は生活の糧を得るために昼も夜も日雇い仕事に出ている。自分たちの味方になってくれるジョーは、たちまちドヤ街の子供たちの人気を得る。

　彼に助けられたサチをはじめ太郎やキノコらがつきまとい、彼はたちまちストリートギャングのボスになる。ジョーは子供たちに壮大な夢の設計図を描いて見せる。廃屋となったビルの一室を事務所として、遊園地、保育園、貧しい人たちのための総合病院、養老院、生活の糧を得るための生産工場などを建設する計画である。その原資を稼ぐ手段が警察の調書によれば「ドヤ街の子供たち数十名を引き連れ、町の各地に出没――道路交通法違反をはじめ、恐喝、脅迫、詐欺、窃盗、器物破損」である。警察に摘発される前にこの計画は新聞紙上に「町角に咲く愛の物語」として報道されたが、ジョーは自分の母は個人の慈善家だったが、母が死んで事業は挫折、自分は里子に出されて辛酸をなめた、同じような環境にある子供たちを集めて事業を展開しようとしていると、大ぼらを吹いている。

　ジョーは逮捕され、警察の留置場から少年審判に回され、特等少年院送りが決定するがこの辺りの描写が綿密だ。たとえば専門家による心理・性格テストでこの言葉から何が連想されるかを問われると、両親に対しては無責任（自分に対して育児放棄したから）、愛は居眠り（少年院での講話にこの言葉が出た時にはいつも居眠りしていた）、そして親切にはよっぱらい（てめえの夢とやらによっぱらって、やたら親切を押し売りする変人がいたよ）と、うそぶく。

さてジョーに対して1年1か月の家裁判決が下り、ジョーが東光特等少年院に送られるまでに連載開始からすでに4ヵ月近くが経過している。ジョーはいっこうにボクサーになる気配が見えないし、その決意さえ感じられない。むしろ周囲の人物の動きが面白い。特にドヤ街の子供たちには躍動感があり、さすがに少女漫画で鳴らしたちばてつやだと思わせる。いまあらためて『あしたのジョー』を読み返していると、当時の読者はジョーのこれからの活躍を期待しながら、彼がいま住んでいる世界と人間関係を楽しんでいたのではないかと思う。

このあたりでは作品づくりの主導権はちばてつやにあった。当初、梶原一騎が書いてきた原作の導入部はいきなり試合のシーンから始まっていたという。タイトル候補となった「四角いジャングル」ならばこれがふさわしいかも知れない。しかし、ちばは原作を使わず、前出のドヤ街俯瞰図から始めた。第2回、第3回とちばによる独創的な画面が続くうちに梶原は「こんな馬鹿くせえことやってられるか。おれは下りる」と激怒したという。しかし、ちばには原作を軽視する気持ちは少しもなかった。

ちばはその世界に詳しい原作者の存在をもちろん認めていたが、原稿用紙の文字を漫画に移し替えるだけで作品が成立するとは思っていなかった。「夕やけを見ていた男　評伝梶原一騎」の著者、斎藤貴男はちばからこんな発言を引き出している。

「骨をもらって肉付けするという感じ。料理にたとえれば、新鮮な素晴らしい材料をそろえてもらうのが原作。その原作を料理して美味しく食べやすく味付けするのが僕の仕事です。ですから、僕は原作が表現したいことには忠実だったつもりです。その点、他の漫画家よりも漫画原作を大事にしているつもりでした」。

梶原とちばは単なる原作提供者と漫画家の役割分担をこえて結び付いた。お互いに多忙の合間をぬって出会いの機会をつくった。この連載開始前から梶原が麻布に事務所を借りていた関係で六本木の会員制クラブで落ち合い、よく話し合った。それでもストーリーの展開や人物のキャラクターの成長はちばにはなかなか予測できなかった。いずれ重要なキャラクターになるかと思って描くとただの通行人であったり、その反対の場合もあった。後述するジョーの永遠のライバル力石徹のドラマはちばの勘違いから生まれた。

白木葉子と力石徹の登場

『あしたのジョー』のヒロイン白木葉子の初登場は、ジョーが家裁で裁判を受けて特等少年院送りが決る場面である。傍聴席にひとり場違いな令嬢が現れるが、彼女はジョーが仕組んだ寄付金詐欺で10万円を詐取されている。彼女に向かってジョーは吠える。「10万円で自己満足が買えたのだから安いもんさ」。

この時、読者は葉子が後にジョーの運命を左右し、最後に彼に向い愛を告白するとは思わず、ただの物好きな傍聴人くらいにしか思っていたのではないか。長編漫画の面白さはここにある。

さてジョーは鑑別所でも大暴れするが、ここで西寛一という大柄で意外と気の優しい男と出会う。彼はジョーの親友となり、後にマンモス西としてジョーのセコンドをつとめ自分もミドル級ボクサーとして戦う。

東光特等少年院でジョーは相変わらず乱闘騒ぎを引き起したり、ブタの大群とともに脱走を企てたりする危険人物だが、彼の前に現れたのが力石徹だった。ジョーと殴り合い、ジョーが倒されると「おまえのパンチは最初のジャブだけはプロなみの本格だが、あとは子供だまし」と言ってのけた不気味な男。看守の話で彼はプロボクシングウェルター級で13連続KO、メガトン強打の若き殺し屋と異名をとっていたが、あるとき観客のきたないヤジに激高して重傷を負わせ、コミッショナーの無期限停止処分を受けたが、その処分を不服としてあちこちで暴力をふるったため少年院送りとなったという。

ある日、少年院慰問の劇団が来訪する。そのリーダーは白木葉子で、彼女は財閥令嬢だ。上流と下流、エレガントと粗野という対立図式は「愛と誠」の早乙女愛と太賀誠にも共通する、いわば梶原好みのドラマづくりだが、その向こうからやおら力石徹が顔を出して、役者が勢揃いする。

そんな力石のパトロン的存在が白木葉子で、彼女はボクシングジムを経営する祖父に頼み、出所してからの力石の復帰を画策しているらしい。ジョーは力石を倒すことに執念を燃やし始める。

葉子が主役を務める劇団の慰問公演は、たまたまジョーに会うために紛れ込んだ段平とドヤ街の子供たちも特別出演して大混乱となるが、ここでもジョーは葉子にからんで、「この冷血女め。少年院を慰問して愛を説くなんて、おこがましいまねをするな」と罵る。その後ろで立ち上がる力石。一触即発の場面は、葉子の、おじいさまに話して用具や設備を寄付してもらうから院内でボクシング対抗試合を開こうという提案で一応ケリがつく。

ジョーと力石が対決する舞台はこのようにして準備された。ところで梶原の原作を読んだちばは、読み違いしたことに後で気が付いた。力石徹を堂々たる大男に描いてしまったことである。原作はこの後、いずれはジョーと力石がプロボクシングで対決することを予感させている。体格が違う二人を同じリングで闘わせるわけにはいかない。すでに院内対抗試合で二人が登場した時に、段平が「あの力石くんの体は、ひいき目に見てもライト級はたっぷりある。そこへ行くとジョーは二階級も下のバンタム級がやっとだ」と言っている。この矛盾を後にどう解決したのか。

プロボクサーとしてジョーと対決するにあたり力石は苛酷な減量を自分に課した、身体論、コミュニケーション論が専攻の斎藤孝は「スポーツマンガの身体」でこう書いている。

梶原一騎も頭を抱え込んでしまったが、力石に苛酷な減量をさせる以外にないという結論に至った。禍い転じて福となすというか、これが力石徹を死にまで導く、あの有名な減量ストーリーになるのだから「ずれ」というのも、それをリカバリーする力さえあれば、むしろ創造性につながるのだ。

力石の減量ストーリーのない『あしたのジョー』は、今からはちょっと想像できない。

閉鎖的な空間で展開される師弟のドラマ

最初に梶原が設定した師弟のドラマが、しだいに形を成してくるのはジョーが逮捕されてからである。まず最初は逮捕されて留置場にいるジョーのもとに一枚のハガキが舞い込む。段平からの通信と知っていったんは破いてしまうが復元してみると、「あしたのために　その一」と題してジャブの極意が書いてある。いつしかひまにまかせて、ジョーはハガキをテキストに体を動かし始めている。少年院に入ってもこの通信教育は続く。だが本当にジョーがその価値に目覚めるのは力石と打ち合い、どうやらましなのはジャブだけだとあしらわれてからである。ジョーは段平に書き送る。

「あいさつぬきだ。けちけちしねえで、どかどかとボクシング通信教育送ってよこせ。なにがなんでもたたきのめさなきゃ気のすまねえ男が、眼の前に立ちはだかっているんだ。強敵だ、手ごわい。それだけにやりがいもある。右ストレートはおぼえてちまった。おれはいまうえている。たのむぜおやじ」。

涙を流してこのハガキを呼んだ段平は叫ぶ。「どんな理由からにせよ……ジョーのやろうがボクシングというものに燃えはじめたんだ、なあ！　すばらしいことじゃねえか」。

芝居の舞台ならこのあたりが前半のクライマックスになるところだ。余談になるが、ここで私は今ではなくなった新国劇という劇団のことを思い出した。チャンバラ劇や社会劇を得意とした劇団で、新派の女の芝居に対して男の芝居と呼ばれた。『あしたのジョー』の丹下段平という名前は、この劇団の演目であった丹下左膳と殺陣師段平の合成であるような気もしないではない。

また昭和35年には「遠い一つの道」（脚本は黒沢映画の多くに携わった菊島隆三）というボクシングをテーマにした芝居を上演している。名優緒形拳が研究生から抜擢されて主役を演じた作品で、彼の芸名はこの作品に由来する。直ちに同じキャストで映画化（監督・内川清一郎）された。戦前派のボクサー（島田正吾）がジムを開いてたった一人の弟子（緒形）を育てるが、感情的なもつれで弟子に去られるという運びは『あしたのジョー』の段平をほうふつとさせる。

梶原一騎の自伝にはこの作品に接した記述はないが、映画や芝居についても広く目配りしていた彼のことだから、師弟のドラマを描く時、どこかで参考にしたのではないか。ちなみに新国劇も、『あしたのジョー』を上演している。郡司良が段平、石橋正次という若い俳優がジョーの役を演じたが、あまり話題にならなかったのは、すでにこの劇団が最盛期の輝きを失っていたからであろう。

さて、少年院内でボクシングを盛んにしたら荒れている若者たちに教育的効果があるという白木葉子の提案で院内のボクシング大会が企画され、段平が指導者役を引き受けている。この時点で「あしたのために」のカリキュラムはその五の段階まで達しているのだが、段平は急にジョーには目を向けなくなり、青山という最もひよわな少年につきっきりで指導する。ジョーは不満だが、青山はめきめき力をつけ、各寮の対抗戦でジョーと青山は対戦する。一発で仕留められる相手だと思っていたのに意外に苦戦して、声援を一身に浴びた青山は一時はジョーを圧倒する。青山のなまくらパンチが体を切り刻んで、ジョーはKO寸前にまで追い込まれるが、辛うじて反撃して両者痛み分けに近い状態ではあるが、レフェリーの段平はジョーの手を上げる。そして後でこれまでの経過を打ち明ける。

彼は心を鬼にして弟子を追い詰めた。ジョーはファイター型の選手だから防御には弱い。というよりも防御を覚えようとしない。そこで段平は心を鬼にして青山を利用したのだ。気が弱い子だから防御を教えやすいのである。そんな相手と苦戦するうちにジョーは、カバーリング、フットワーク、スウェー・バックなど防御の技術を体得した。リングに上がったボクサーはどんな名コーチがついていたとしても孤独地獄である。その孤独を知って自分で活路を開かせるため段平はジョーをあえて突き放し、青山をモルモット代わりにした。

本当に申し訳ないと段平は詫びるが、青山は「ぼくはこんな弱虫でもやればできるということを教えられた。これからの人生に自信がつきました」と段平に感謝し、ジョーは今までのろったり、ばかにしたことを青山に詫びる。ニヒルでドライな心情が基調音となっているこの作品においては珍しくウェットなシーンだが、リングの下で力石が段平の意図を見抜いている場面を挿入することは忘れていない。

力石はすでに院内ボクシング試合でジョーと対決して、両者相打ちに終っている。ジョーとの本格的な対決がいつか来ると予感しており、すでに挑戦的な態度をあらわにしている。名門の白木ジムから再デビューが決まっている力石は段平に毒づく。「あんたはボクシング界にずいぶん悪評を残してるじゃねえか」。これを見とがめて葉子が力石を止める。「おだまりなさい。男のおしゃべりなんて最低よ」。彼女はもはや慈善家のお嬢さんではない。野獣を飼いならす調教師の一面を持つジム経営者の風格が備わっている。

主役がすべて勢揃いして、これからの運命を予感させる極めて印象的な場面の幕切れは、シャバに出てから「あしたのために」の15までを叩き込むぞという段平に、ジョーが雨の中を走り出す場面である。

減量苦のドラマと死への予感

『あしたのジョー』は『巨人の星』と並んでスポコン(スポーツ根性)ドラマの代表作として位置づけられる場合が多いが、私はそれは違うと思う。確かに苦しい試練を経て明日の栄光を目指す若者の物語だが、読み進むうちに読者は人間のさまざまな葛藤や感情の揺れから目が離せなくなる。根性という単細胞的ではなく複雑にして微妙であり、最終的には人間の生と死というテーマに直面させられるが死の比重のほうが大きい。連載開始前に編集者の宮原照夫が考えたように純文学的、哲学的な物語なのだ。だから時代を超えて日頃は漫画などに関心を向けない人たちの心を捉えて離さないのかもしれない。

いまあらためて作品を通読してみると、ボクシング漫画としての存在感が際立ち、人間の心の奥底までを描く表現が多くなるのは、連載開始から2年目、力石とジョーが相次いで少年院を出て本格的にプロボクサーの道を歩み始めてからである。考えてみると、それまでの1年余りは長い前説であった。しかしこの前説がなければ、ジョー、段平、力石、白木葉子の個性は読者に伝わらなかった。いきなりボクシングの場面から始めようとした梶原の原作をよそに、延々とドヤ街の人間模様を書き続けたちばの功績は大きい。しかしこれからは梶原の原作がなければ不朽の名作とはならなかった。昭和44年に入ってからの動きを略述しておこう。

段平は泪橋の下におんぼろの丹下拳闘クラブを設立するが、日本ボクシングコミッショナー事務局は正式なジムとは認めない。そこに集まる大手ジムのオーナーたちに、段平は「昔はドサ回りのボクシング興行をやっていた連中が、テレビのボクシング中継のおかげで利いた風なことを抜かして」と反発して大暴れ、警察のお世話になる。

一方、力石は白木ジムに起居して近代的なトレーニングを積みながら復帰のチャンスをうかがっている。ボクシング界の大物、白木幹之助は段平を警察から貰い下げ、ジョーとともにうちのジムに来ないかと提案するが、ジョーは頑なに拒否する。同じジムに所属すれば力石と対決のチャンスがなくなるからである。

丹下拳闘クラブへのライセンス交付のため、ジョーは一発逆転の行動に出る。新人王戦の決勝が行われている後楽園ホールに乗り込み、バンタム級で優勝したホープ、ウルフ金串に控え室で難クセをつけ、クロスカウンターでダブルノックダウンに持ち込んだのだ。

未来の世界チャンピオンとの声も高い逸材ウルフを倒した同じバンタム級の若者が、ウルフの所属ジム、アジア拳の大高会長が段平へのライセンス拒否を扇動しているためにプロになることが出来ない状況を知ったマスコミは、疑惑を持ち即座に騒ぎ立てる。こうして丹下拳闘クラブにライセンスが交付され、ジョーはマンモス西とともにプロテストに合格、新人王決定戦への資格を得る。

プロデビュー戦からジョーのクロスカウンターは関係者を瞠目させるが、まずその前に立ちはだかったのは、因縁の相手のウルフ金串だ。破竹の勢いで連勝を続ける金串に、日本ボクシング界はジョーを潰させようとしている。

『あしたのジョー』がボクシング漫画としての真価を発揮するのは、この後楽園ホールで行われるウルフ金串戦からである。一つの試合を描くのに連載の4～5回を充てるパターンはこの漫画の定番となった。リング上の選手の動きと心理だけでなく、両陣営のセコンド、観客の心の揺れや興奮が的確に描き込まれる。テレビ中継のアナウンサー、解説者は試合の様子を別の次元から読者に伝える役割を担っている。そんな中にさり気なく実在の名ボクサーの闘いぶりが挿入されることがある。近過去の出来事で読者の記憶にはまだ残っている。小さな仕掛けだがこの効果は大きい。読者の頭の中では虚構が現実と重なり合い、自分も同じ時代に生きて試合の興奮を感じているような、後の表現で言えば〝リア充〟になるからだ。

ボクシングに精通した梶原一騎の原作の力も大きいが、漫画のちばてつやが実に闘いの迫力を盛り上げた。『あしたのジョー』のコマ割りは原則としてページ当り5～7コマである。試合の場面を描く時にはその中で巧みに視点の切り替えが行われる。すなわちカメラがパンチを繰り出す方を捉えたり、受ける方を捉えたりする。あるいはカメラを引いて闘う両者をバストショットあるいはロングショットで捉えたりする。その間にセコンドや観客席を挿入することも忘れない。時には1ページ大でまるごと使う場合もある。

ウルフ金串戦でいえば、試合開始直後に観客席の後部からリングを捉えた場面、両者のパンチがさく裂して壮絶な相打ちとなる場面などである。試合が進むにつれて両選手ともに血みどろになり人相が変わって行くさまも、時系列的に捉えられているのにも感心させられる。

いま単行本『あしたのジョー』を手に取って、物語の行方はわかっているのに先へ先へとページをめくりたくなるのは、原作と漫画の相乗効果に引きずられるからであろう。好きな映画を何度も繰り返して観るのと同じである。

力石の試合のリングサイドにはいつもジョーがいて、ジョーの試合には力石がいる。ウルフ金串戦では苦戦のあげくジョーのトリプル・クロスカウンターがさく裂、KOされた金串は顎の骨を砕かれて再起不能になるが、そこに至るまでに何度もダウンを喫している。その時リング下から「ジョー立て！　この力石徹と決着をつけんうちに消え去る気かあ」と叫ぶ力石である。

力石はすでにライト級に近いフェザー級からバンタム級に体重を落としてジョーと戦う決意を固めている。白木家での行き届いた食事を断って果実1個だけで栄養を補給しながら、超ハードなトレーニングに打ち込む力石は、初めてのバンタム級の試合でフィリピンの選手と対戦した時には、体からはあばらが浮き頬はこけ、死相が現れている。

昭和44年末「週刊少年マガジン」12月21日あたりからは対決を前にジョーと力石の特訓ぶりを描いているが、集まった新聞記者たちがこう言っている。「かぎをかけられたうすぐらい地下の物置で、カサカサにかわいたミイラのごとく痩せさせられてじっと試合を待つ力石徹」「かたや血と汗にまみれてくりかえしマットにはいつくばる矢吹丈」。

力石が密室に閉じ込められているのは水さえも遮断しているためである。水を求めても、シャワーの線までが閉じられている。いま急に冷たい水を摂取したら体を壊すと、ドクターストップがかかるほど力石は疲弊しているのだ。

昭和45年が明けて「マガジン」誌上ではジョーと力石がバンタム級8回戦のリングに上がった。

力石の突然の死と挙行されたその告別式

吉川英治の長編小説「宮本武蔵」には、武蔵のライバルとして佐々木小次郎が登場する。武蔵が行くところに影のごとく現れる小次郎は、武蔵よりも端正な美剣士。芝居、映画、テレビドラマでは求道者風の武蔵に対して、常に華やかな衣装をまとい、華麗な燕返しを見せる。いつかこの二人が対決する場面を読者は待ち受けている。クライマックスである巌流島の闘いで小次郎は武蔵に敗れる。武蔵が舟で島に到着するまでに櫂を削ってこしらえた太刀での一撃だが、両者がすれ違った一瞬に勝負がついている。勝利を確信して微笑んだ小次郎の白鉢巻きの下から血が滲み出して、ドウと倒れるという華麗なエンディングだ。

おそらく梶原一騎もこの小説を読み抜き、映画やテレビを何度も観ていたにちがいない。ジョーには武蔵、力石には小次郎の面影がある。だが『あしたのジョー』がよりリアルで、ぞっとするような凄絶さを漂わせるのは、力石が苛酷な減量で幽鬼のような姿になっているからだ。

リングで向かい合った時にジョーは思う。「ここにつっ立っているのは執念の鬼となって減量に苦しみながら半狂乱の力石徹だ」。だが力石の強力なアッパーは、ジョーを狙い撃ちする。なにしろ秘密練習では、サンドバックにジョーの顎の位置を決めてその一点に強打を集中していたのである。

ラウンドが進むにしたがって力石が優勢になる。得意とするクロスカウンターに誘うための両手ダラリ戦法も効果なく、接近戦に持ち込もうかと迷うジョーに力石の強烈なカウンターが飛んで、ジョーはダウンする。

45年の1月から2月にかけて『あしたのジョー』の闘いは「マガジン」誌上で続く。今週はどうなっているかを知るために発売日を待ち兼ねて雑誌を買う人が激増した。試合の経過が学校や職場で話題になった。

　作家の三島由紀夫が「マガジン」一冊を購入するために編集部をいきなり訪問したというエピソードが生まれたのもこの頃である。深夜単身で現れた三島は、今日が発売日だったが買いそびれたので、早く続きが読みたい、たまたま講談社の前を通りかかったので一冊譲ってほしいと言い、タダで差し上げますという社員を押しとどめ、律儀に代金を支払おうとしたが、かえって手続きが面倒だからと言われ、その厚意を謝して去ったという。

　試合は最高潮に達した。ジョーは力石の強打に再三ダウンを喫して、敗色は濃厚になった。ダウンして辛うじて立ち上がったが、ゴングに救われた場面もある。

「ゴングと同時にアッパーを打ち込んでも動作を起こしたのはゴング以前だから、反則にはならないのに、ピタリと下あごと紙一重のところで拳を止めたのは、われ勝てりという余裕がなせる業でしょうか」「徐々にダメージを与えて衰弱していくモルモットを観察しているような、力石の冷静な科学者のような眼です」とアナウンサーと解説者が対話している。

　2月1日号では、もはやタオルが投げ込まれる寸前と見られたジョーが放ったパンチを浴びて力石がダウンする。立ち上がった力石を見て解説者が「軽い脳しんとうでも起こしたのでしょうか」と言うが、これが死への伏線だとは読者は気がつかない。その直後、ジョーも力石も両手だらりのノーガード戦法をとって向かい合う。観客の不満が高まった時、ジョーの左ストレート、力石の右クロスが交差する。ジョーはそれを払い、右のダブルクロスで勝負に出る。それをかわされ強烈なアッパーを食らい、グワシャという音がしてジョーは倒れた。血みどろで立っている力石、カウントが始まるがジョーは立ち上がれない。最終ラウンド、力石のノックアウト勝ちである。歓声の中ようやく立ち上がったジョーが手を差し伸べようとした瞬間、力石が倒れる。

「まったく素晴らしいの一語につきる大試合」とたたえられ、控室に運ばれて手当を受けるジョーに力石が死んだという知らせが入る。コミッションドクターの診断によると、「過酷な減量に加え、第6ラウンドに矢吹が放ったテンプルへの一撃および、そのときダウンした際、ロープで後頭部を強打したことによる脳内出血」である。絶叫するジョー。『あしたのジョー』の前半はこのアクシデントで終わった（2月15日号）。

力石徹の最期については彼が作品中で存在感を増してきた昭和44年夏頃から、「マガジン」編集部内では議論が高まっていた。副編集長の宮原照夫は、力石はリング上で死を迎えるべきだという考え方であり、梶原一騎もちばてつやもしだいにその方向に傾いていた。しかしライバルを失なった物語が面白くなるはずがない。

編集部と作者がレストランなどで話し合っていると「殺すべきだ」「殺すべきでない」などと物騒な言葉が飛び交い、従業員が聞き耳を立てるシーンも見られた。梶原とちばは、ふたりだけの間でも、とことん話し合われた。

たしかに連載半ばでライバルが消えたら、その物語は読者の支持を失い、短命に終わる危険がある。それでもあえて力石を殺したからこそ、『あしたのジョー』はそれまでの漫画の域を超えて哲学的な色合いを帯びたと宮原は後に言う。

「もし力石の死という設定にしなかったら『あしたのジョー』のテーマは『巨人の星』と同じになり、闘いを通して人格形成していく立身出世物語か、さもなくばただの壮烈な闘いに終始する無味乾燥な格闘技物語に成り下がっていただろう」。

力石とジョーの闘いが最高潮に達した頃、編集部には「この闘いはどうなるのか」「力石を殺さないで」という電話が殺到した。そして力石が死ぬと弔電が寄せられた。香典を送ってくる読者もいた。「仲間と集まって力石の葬式をやろうと話し合っているんです」という電話も受けた。

そんな時に寺山修司夫人（当時）で劇団天井桟敷のプロデューサーでもある女優の九條映子が連絡してきた。

「劇団の若い連中がどうしても力石の葬式をやろうと言って、寺山もそれに賛成しています。内田さん、面白いからやってみましょうよ」。

内田は宣伝部に、イベントのための予算を申請したが3万円しか出せないという。九條に伝えると、みんな大乗り気だからボランティア協力するというので、演出を寺山修司に任せた。告別式は45年3月24日。それに先立ち、次のような通知が各メディアに発送された。

「今般、力石徹儀、矢吹丈との壮烈なリング上の戦いにより死去いたしました。つきましては左記の日時にて講談社講堂で葬儀を催したく云々」。

当日は講談社の周辺に「力石家」という黒枠入りの案内札が貼られた。集まったのは小学生から大学生、若いサラリーマンまで約700人。会場の正面にはちばてつや描く力石の肖像が飾られ、立派な祭壇がしつらえられた。本職の僧侶が般若心経を唱えたが、この人は九條が青山通りを歩いていた時に飛込みで依頼した住職で、後で聞くと、鶴見総持寺副管長の肩書を持つ高僧であった。

参列者の焼香の列が続き、香が焚かれたので講堂内には煙がたちこめ、参列者の間には一種のトリップ状態が生まれた。

イベントの最初は歌手の尾藤イサオが特設のリングに上がり、本職のボクサーとグローブを交わす。仰向けにダウンして会場をハッとさせた尾藤が、そのままの姿勢でマイクをつかみ『あしたのジョー』の主題歌を歌い出す。やがて立ち上がり最後のフレーズ「あしたは　どっちだ？」を歌い納めた時には会場は大拍手に包まれた。

次にリング上の力石の遺影を前に、天井桟敷の劇団員が追悼文を読み上げるパフォーマンスがあり、東《ひがし》由多加率いる東京キッドブラザーズのメンバーが、会場正面の舞台で乱舞した。この時は発煙筒が焚かれ、場内には白い煙が充満した。内田らは消防署からのお咎めを心配したが幸いなことに講堂の扉の外に煙は漏れていなかった。

その後全員起立して十点鐘〈テンカウント〉のゴングで力石を見送り、天井桟敷の劇団員がリングの下に並べられている花崗岩の墓石を指して「この力石の墓石をどこかに持って行って弔ってくれ」と叫ぶと、参加者が一斉に殺到して10個の墓石はあっという間に消えた。

最後に梶原、ちば、内田の3人が集まった人々に会葬御礼を述べ、参加者からの質問を受けてこのイベントを終了した。翌日の新聞、テレビ、ラジオ、少し遅れて雑誌メディアが大々的にこの告別式を報道した。

内田によれば、ある広告代理店の試算でこのイベント効果は、広告費換算で約3億円。3万円（これはすべて僧侶へのお布施にしたという）でこれだけの効果を上げたのは、『あしたのジョー』が時代の空気にマッチしていたからということだ。

それから間もなくこの作品の同時代性を象徴する出来事が起こった。

3月31日、革命戦争の拠点を求め、赤軍派を名乗る集団9人が、東京を飛び立った日航機「よど」号をハイジャックしたのである。彼らは乗客を拘束して北朝鮮に向かうよう要求し、福岡からいったんソウルの空港に着陸した後、乗客の一部を人質として北朝鮮のピョンヤンに向い、結局目的は達成された。

この時、グループのリーダー格だった田宮高麿が決行直前の30日に書いた声明文の末尾に「そして最後に確認しよう。我々は〝明日（原文のまま）のジョー〟であることを」の一文があることが話題になった。後に彼らは、ジョーの倒されても倒されても立ち上がる姿に共感して、戦いの明日の姿の理想像としたと語っている。

後で振り返れば、乗客機の乗っ取りはテロ行為である。しかしこの時には、何か時代を打ち破る〝快挙〟と見る空気もあった。凶器を持ち、乗客を束縛し機長を脅迫したが、殺傷行為はなかった。また北朝鮮を韓国に比べて理想の国と見る人たちも多かった。

「よど」号がいったん韓国キムポ（金浦）空港に着陸した時、韓国警備陣が正装した女性に歓迎のプラカードを持たせ、北朝鮮領内であることを偽装したが、赤軍派一行は機内から空港の片隅に米軍機が着陸しているのを見て、簡単に偽装を見破ったことも沈着さとして報道された。人質として機内に乗り込んだ運輸（現国土交通）政務次官や、無事に帰還した日航機の機長などが一時的にヒーローとなった。解放される頃には、ハイジャック犯と人質の一部との間には融和的な気分さえ生まれていたという。

力石徹はそんな時代の空気の中で死を迎えたのであった。

殺し屋ジョーの地獄巡り

スポーツのルールのもととはいえ、相手を死に至らしめた。ましてその相手に対してラ

連載開始時の『あしたのジョー』の巻頭頁。

『あしたのジョー』終了時の「マガジン」の表紙。

ハイジャックされた「よど号」から解放される人たち。

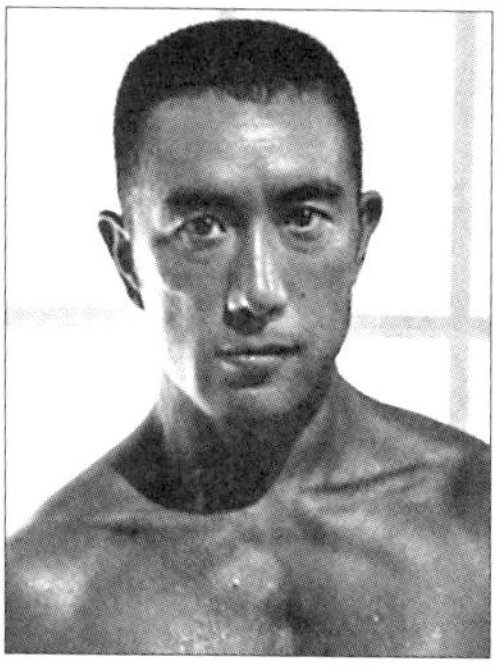

自決した三島由紀夫。

イバルではあるが、共に時代を生きるという連帯感が生まれていたとしたら、友人を失った喪失感と自責の念はいかばかり深いことか。

そのような苦悩の中で若者がどう生きていくか。ここまで来ると、『あしたのジョー』はボクシング漫画を超えて哲学的な問いを読者に突きつけた。時間的に言えば昭和45年春から46年初め頃までがその時期に当たる。いわばジョーの地獄巡りとでもいう時期だが、原作者も漫画家もそれをサポートする編集部も、よくもまあこの深刻なテーマを追求し続けたと思う。物語の流れを追ってみよう。

「力石徹（白木ジム）死す。過酷な減量と矢吹丈の強打が原因」と新聞に報道され、ジョーはマスコミの好奇心にさらされる。力石の葬儀にも現れず、放心したようにドヤ街のチビ連を相手にしていたが、喪失感に耐えられなくなり街をさまよい、暴力おでん屋と喧嘩して叩きのめされ病院に運ばれる。同じ頃に後楽園ホールでは、力石追悼のテンカウントゴングが鳴らされ、白木幹之助と葉子がそれを聞いている。

いったんはジムに戻るが、段平とマンモス西の励ましも耳に入らず、ジョーは西を殴り倒して失踪する。繁華街を放心状態で歩いていたところを記者たちに見つけられ、気晴らしにとゴーゴークラブに誘われるが、ここで、やはり喪失感から踊り狂っている葉子と出会い、「もっと骨のある男かと思っていたわよ。こんな情けない男と戦うために体力の限界まで消耗した力石くんはバカな死に方をしたもんだわ」となじられる。帰るジョーを追いかけてきた葉子は、ウルフ金串が顎の骨を折って再起不能になったことまであげて「あなたは罪深きプロボクサーなのよ。あなたはふたりには神聖な負債があるはず。はっきりと自覚しなさい。ウルフ金串のためにも力石くんのためにも、自分はリング上で死ぬべき人間なのだ」と。

凄いシーンである。ジョーが向かい合っている「死」というテーマが葉子の口を借りて明確となり、その後の展開に影を落すことさえ予想させる。

ところでそのウルフ金串はいま地元のヤクザの用心棒となっている。「兄貴はあの力石殺しの矢吹丈と世にも恐ろしいカウンター合戦をやった」とヤクザ連中におだてられ、「ほんとうはもう一度やればKOできた。今頃は日本はおろか世界チャンピオンさ」とうそぶく場面をジョーがじっと見ている。そこに別の組の用心棒であるゴロマキ権藤が仕返しに現われ、ウルフを一撃のもとに殴り倒す。それを見かねて立ち上がったのが矢吹丈であることを見破った権藤は「俺は喧嘩屋だ、プロボクサーに勝てるはずがねえ、でもウルフの目は腐っていた、過去のはなやかな思いでにすがりつくような人間はおれは嫌いだ。だから殴り倒した」とうそぶく。「もう一言でもウルフのことを口にしてみやがれ」と権藤に殴りかかるジョー。パンチを食らって倒れながら、「本物だよ。ボクサーのパンチはこうでなくちゃいけねえ」という権藤。このあたり東映の任侠映画のノリで実に男くさい。ここで警察の手入れがあってジョーだけが逮捕されるが、ゴロマキ権藤はどこかで再登場を予感させる。

「矢吹丈、グレン隊と乱闘。力石徹ＫＯ死事件で自暴自棄か」が新聞の見出し。警察に留置されたジョーは段平と西が引き取りに来て釈放されるが、立っている西を見て力石がそこにいると怯える。たしかに西は一念発起して減量はしているが、ジョーの後遺症はまだ癒えていない。西をパートナーにスパーリングを始めるが、散々打たれた西が愕然とする。たしかにジョーのパンチは力強いがボディに集中して顔面を打っていない。「ジョーはこわくて人の顔面が打てませんのや」と西。力石のテンプルに食い込んだ一撃がトラウマになっているらしい。「それが本当ならボクサーとして欠陥品だ。口がさけてもしゃべるんじゃねえぞ」と段平が言う。

その頃大手のボクシングジムオーナーの間では、丹下拳闘クラブ包囲作戦が始まっていた。矢吹丈を「殺し屋ジョー」と宣伝して、興行価値があるうちに次々と強い相手をぶつけて潰してしまう、そうすれば丹下拳闘クラブも消えていくだろうという企みだ。

そんな中でリングに上がったジョーの武器はストマックブロー（胃袋打ち）で、タイガー尾崎を苦しめるがセコンドの段平は「おめえには力石の亡霊が取りついている。だからテンプルが打てねえ」と喝破されてから形勢が一変、タイガーの強打を浴びてダウン。段平がタオルを投げ込みＴＫＯ負けを喫する。

次の原島龍戦でも顔面にパンチを当ててはいるが、食い込ませることはできない。ついにはセコンドの段平と西とが口喧嘩を始める始末。この時、観客席に白木葉子が謎の外国人を伴って観戦している。ジョーは原島を反撃して顔面に強力な一撃を浴びせるが、次の瞬間、リング上で激しく嘔吐して、この試合も失う。

次の南郷浩二戦。試合前に白木ジムに招聘された、ベネズエラのカーロス・リベラというボクサーがリング上で紹介される。「飢えた黒豹」「小さな巨人」などの異名を持ち、デビュー以来34連勝、目下19連続KO、世界バンタム級6位だが、その強さを恐れて上位者が彼との対戦を避けて逃げ回っているという。前の試合の時に現われた謎の外人は、彼の腕利きのマネージャーでハリー・ロバート、別名ドルを呼ぶ男とも言われる。

すでに葉子は、力石の死に落胆してジムを閉鎖すると表明した祖父幹之助から白木ジムを継承し、他のジム・オーナー連合に敵対する立場をとっている。それにしてもなぜカーロス・リベラを呼んだのか。力石の復讐のため矢吹丈にぶつけるのか。それともジョーを甦らせ、世界を狙わせる起爆剤とするのか。まだこの辺りでは謎めいているが、葉子の存在感は回を追うごとに大きくなるばかりだ。

さて南郷戦のジョーの動きはまったくさえない。「ヨクアノ程度ノ男ニカリニモ人間ヒトリ殺セタモノダ」とカーロスが言い、葉子は「いまの彼はおいぼれた一匹のやせ犬にすぎないわ」と言う。この試合もむごたらしい。ジョーはまた嘔吐し、反則負けを喫し、観客の怒声、罵声を浴びる。3連敗。「月にほえるやせ犬みたいに、ひとりおまえの亡霊相手に遠吠えでもするか」とつぶやいてリングを降りるジョー。

一方葉子はカーロスを伴い、南郷の控室に行き、破格のギャラを提示してカーロス・リベラとの試合を実現させせようとする。後日、南郷が所属するジムの会長がカーロスの化け物のような強さを知って、「うちの南郷を殺す気か」と激怒した時はすでに契約は成立している。「財閥のあまったれ令嬢が海千山千の拳闘屋をこけにしやがって」と歯噛みする会長をよそに「白木葉子一世一代の賭けが始まる」と葉子の大見得である。

ついにジョーは草拳闘の一座に入って東京を離れる。地方都市の神社の境内などに特設のリングを組んで、元全日本ランキングボクサーが適当に八百長試合を演じる興行で、ここではジョーは正真正銘「リングの殺し屋」として看板になっている。

以下しばらくの間、『あしたのジョー』は草拳闘と東京でのカーロスの試合がてれこ（交互に、同時進行）で描かれるが、その趣向が面白く、草拳闘の何ともうらぶれた雰囲気が実によく出ている。

適当に試合を打ち上げて、わびしい旅館の座敷でギャンブル三昧に興じるどてら姿の男の群れ。ちばてつやの筆は、そんな旅路の果てのような情景を見事に活写する。たった一コマだが、安宿と飲食店が並ぶ路地をジョーが宿の二階から見下ろしているシーン、これこそ流れの果ての心象風景なのである。

一方、東京ではカーロス・リベラと南郷の試合が始まっている。最初は南郷の圧倒的優勢、カーロス組みやすし、世界ランク入り目前と南郷陣営が喜んだ瞬間、カーロスのパンチが炸裂、画面は7コマ空白になる。マットに倒れ伏す南郷。宿のテレビでジョーがこの逆転劇に見入っている。「ラッキーパンチ当タッテ、私ホントウニラッキーボーイ」とはしゃぎ回るカーロスの姿を見ながら、ジョーは葉子とハリー・ロバートの策略に気づく。本当の実力を知られたら、ギャラが稼げない。接戦を演じさせて観客を釣って、がっぽり稼ごうとしているのではないか。しかしカーロスの底知れぬ強さはどこから出てくるのか。

ジョーはしだいに気にかかり、草拳闘などどうでもよくなる。そんな気持ちを察した稲葉というボクサーが、台本を無視してジョーに本気で勝負を仕掛ける。「そんなにカーロスってやつが気になるなら早く会いに行け」。殴り倒されながら「さっさと東京へ行っちまえ」。そして、勝手にリングを降りてしまうジョーを見て騒ぎ出す観客に「いまひとりの人間が新しく門出に立とうとしているのじゃねえか。万歳で祝ってやれよ」と呼びかける。この幕切れは男の芝居調である。

しかし、ジョーが草拳闘で身を持ち崩すあたり（45年10月25日号）で『あしたのジョー』の連載は中断した。ちばてつやが持病の十二指腸潰瘍を悪化させて入院したためである。当時ほかの作品を断り、この作品一本に集中していたちばは、毎号荒んでいくジョーの表情を描いているうちに身体に変調を来《きた》したのだという。

ちょうどこの休載時期に作家・三島由紀夫が、自ら率いる民族派団体「楯の会」の若者

4人とともに東京市ヶ谷の自衛隊に乱入、隊員を前にバルコニーから演説をした後で総監室で自刃するという事件が起こった。11月25日、白昼の出来事だった。

「マガジン」編集部と同じ講談社内にある「週刊現代」編集部は騒然とした。直ちに三島由紀夫と親しい編集者が三島邸に飛び、家族から写真類などを借り出し「週刊現代別冊・三島由紀夫特集号」を刊行、たちまち完売になった。

「マガジン」の宮原は、その日、梶原邸を訪問した。ちばの病気療養が本格化し、作品をかなり長期にわたり休載することを報告するためであった。ほかにも多数の連載を抱える梶原の創作力が休載の間に落ちることを宮原は懸念していた。

いつもはすぐに現われる梶原が、この日は珍しく30分ほど遅れ応接室に現れて宮原に言った。「三島由紀夫さんの割腹自殺のショックで原稿に手がつかないんだよ」。そこで宮原は、前出の「マガジン」発売日の深夜に三島が編集部に現れた話をした。応対したのが宮原であった。

この話を聞いて梶原はしばらく絶句した後でこう言った。「こんなに感動したことはないよ。三島さんが『あしたのジョー』を、それほどまでに愛読してくれていたなんて…」。

梶原はしばらく声が途絶えていた。

ジョーの再起、野生の復活、背景に何があったのか

年が明けて昭和46年、2月28日号から連載が再開された。ジョーが再起を決意する場面である。それからこの作品は新局面へ急展開する。

草拳闘から足を洗ったジョーは、丹下拳闘クラブに戻らずにいきなり白木邸に現れるが、そこには賓客としてカーロス・リベラとマネージャーのハリー・ロバートがいてジョーと初対面する。カーロスの公開スパーリングが白木ジムで行われるが、カーロスは恐るべき強さを発揮してライト級ボクサーでも歯が立たない。うちのジムの選手が壊されてしまうと葉子が悲鳴をあげ、ジョーがスパーリングパートナーになる。両者はこの時におたがいの野性に気づき、ライバルとして意識し始めている。

そんなジョーをみんなは、「なんであんな看板倒れのいかさまボクサーに真剣に勝負しようとするのか」といぶかしがるが、それは当然だ。カーロスは来日して初めて対戦した原島龍には勝つには勝ったが、拙劣な試合ぶりで観衆を怒らせた。次の南郷浩二戦では、中郷の脚の痙攣というアクシデントで勝ちを拾っている。しかし真相は、カーロスのパンチを浴びた南郷がコーナーに座ったまま意識を失っていたのである。控室にもぐり込んだジョーはそれを知っている。そしてカーロスは次のタイガー尾崎戦では1ラウンド1分以

内にＫＯを予告している。どうせ大ボラだと言って捨てる段平に向いジョーが言う。

「力石の再来だぜ。力石が少年院でおれと対戦する前には、この脳たりんを眠らせるだけじゃねえ、再起不能にするまでの所要時間が1分間だと予告した。ついに正体見せたかカーロス」。

その言葉通り、タイガー尾崎戦では1ラウンド16秒でマットに沈める。カーロス強し、驚愕する報道陣を前に葉子とロバートが真相を明かす。カーロスの強さが最初からわかっては相手に逃げられ試合が成り立たない。これでは経済が逼迫してしまうから最初から実力を見せないのである。そこにジョーが対戦を申し出る。だがカーロスの滞日中の試合は3試合だけ、滞在期限切れも迫っている。そこをあえてエキジビジョンの4回戦、しかも東洋タイトルマッチ級のギャラでプロモートを引き受けたのが葉子である。

ここでジョーは気が付く。原島、南郷、タイガー尾崎、みんな自分が負けた相手だ。しかも彼らをじっくり料理するのを見せつけて、おれと対戦の機会をつくるとは。「おれの意志とは別に、いずれこうなるように仕組まれていたような気がしないでもないがね、葉子さん」、ジョーのつぶやきだ。

休載期間を終えて復活したちばてつやの筆には新しい力がこもっていた。ジョーが連敗を重ね、草拳闘に身を落とす描写も決して悪くはなかった。ジョーの荒みきった表情や敗戦後のリングサイドや控室などの虚無的な風景、そして草拳闘の周辺の索漠たる情景など物語の流れにふさわしい描写で、傑作と言える。

しかし、ちばが体調を崩して入院寸前の状態であったと聞けば、これらは体力をふりしぼっての仕事であったことが推察される。いわば、ちばもジョーと一緒に地獄の底をはいまわっていたのである。

これに比べて連載が再開されてからの画風は力強い。特にカーロス・リベラのラテン民族特有の底抜けに明るい表情や、黒豹と呼ばれる漆黒の体の動きには力がこもっており、試合のシーンにも様々な工夫が見られ、スピード感やパンチの強さがいかんなく表現されている。ジョーとともに漫画家も再起したのである。

さて、カーロスとジョーの4回戦対決は、両者の激しいパンチの応酬で交互にダウンの場面が見られるが、効果を発揮したのはジョーのロープの反動を利用したショートフックの三段打ちだ。ジョーの野性は生きていたと喜ぶ段平。

しかし打たれたカーロスは「自分の持てる技術を駆使し、命のかぎり燃やして戦える真のファイターに出会った」と喜ぶ。結局この試合はふたりが同時にダウンして、リング外に落ちたジョーが這い上がるのをセコンドの段平が助けたため、ジョーの反則負けになるが、満足したジョーは「力石戦以来付きまとっていたモヤモヤが全部解消された。ついに力石から解放されたぜ」とカーロスに礼を言う。

次に葉子が用意した対決の舞台は後楽園球場。ここでは幾多のビッグイベントが挙行されているが、ランキングに名を連ねたことがないボクサーの登場は異例のことなのだ。ついにたまりかねてジョーは葉子に言う。

「思いもかけない運命の曲がり角に待ち伏せして、不意におれを引きずり込む。悪魔みたいな女だぜ。でもその悪魔が、おれの目にはヒョイと女神に見えたりするからやっかいなのさ」。

白木葉子の比重はいよいよ大きくなる。彼女は何を考えているのか。力石徹を死に追いやった矢吹丈に復讐をとげようとしているのか。しかし野性を失った男に復讐しても力石に捧げる意味がない。彼の野性を取り戻させるためにカーロス・リベラを利用し、最後は力石に獲物として捧げようとしているのか。あるいは、財閥令嬢のお道楽と見られることに反発して本格的プロモーターとして名乗りをあげようとしているのか。様々な読み方ができ、ジョーが言うように謎の女、運命の女としての存在価値を高めている。『あしたのジョー』は白木葉子に操られるままに進みつつある。効果的にクローズアップされる彼女の表情が謎めいて魅力的である。

ジョーとの対戦が決った後、泪橋近くの玉姫公園に地域の人たちを集めて持ち物や所持金を与え、ギターを弾きながら歌うカーロスの姿が見られる。駆け付けたロバートの話では、貧民街に育ったカーロスはどこの国でも同じ風景に出会うと子供の時の心を呼び覚まされてしまうのだという。緊張感が続く画面の中でほっとするシーンだ。しかし、丹下拳闘クラブでジョーとスパーリングを始めると両者が本気で打ち合う。見ていた段平が「最近あんなに溌剌としたジョーを見たことがあるか」。葉子が「ああ、矢吹くんが野獣に戻って行く」と嘆声をもらす。

後楽園球場に大観衆を集めてジョーとカーロスの10回戦か行われる日が来た。矢吹陣営にとって最大の懸念は、ここの特設リングではロープが鉄のように硬く張られており、ジョーが必殺技とするロープの反動を利用しての攻撃が封じられていることである。それにしても世界6位とはいえ無冠のボクサーと、日本のランキング入りもしていないようなボクサーの試合に、なぜこんなに人が集まったのか。解説者が言う。これは「世紀の一戦」というよりも「世紀のケンカ」の魅力、野性本能を兼ね備え、むき出しにした者同士の大激突だと。

その言葉通りに試合は最初から激しい打ち合いとなり、3回にはダウン、すでにカーロス側はジョーの決め手とするロープ際作戦封じを宣言している。続けてダウンを喫した時、リングサイドの葉子は耐えかねて席を立ちかける。だが力石とジョーが戦った時に、両者がいま目の前で打ち合うカーロスとジョーとにそっくりな目をしていたことを思い出してまた席に戻る。

試合はカーロスの独演会で、段平がタオルを投げ込む決意をした時、ジョーがロープ際に身を沈めた。襲い掛かるカーロス。次の瞬間、倒れたのはカーロスのほうであった。何が起こったのか。放送席でビデオを再生すると、ロープ際にしゃがみこむように腰を下ろしたジョーがロープ下2段の反動を利用して右アッパーを打ち込んだのである。

それから先は両者の肘打ちの応酬に始まり、反則、ルール破りが続く大乱戦となり、3万7千の観客は狂喜する。このシーンの締めくくりは、後楽園球場のスタンドの外観の大写しで、次のコメントが付加されていた。

「レフェリーを無視し、ゴングを無視し、ルールのすべてを無視し、ただひたすら野獣にかえってつかみあい続けるふたり……。数分後リング上には、血にそまり、汗にまみれたふたつのぬけがらが音もなくころがっていた」。

1か月後に世界タイトルへの挑戦を控えたカーロス・リベラは日本を去る。傷だらけの顔でそっと見送るジョーは呟く。

「たがいに血と汗をたっぷり吸いこんだグローブでぶちのめしあった仲ってもんは、百万語のべたついた友情ごっこにまさる、男と男の魂のかたらいとなって、おれのからだに何かをきざみこんでくれた」。

梶原一騎ならではのセリフである。実はこの時、カーロスが搭乗口のタラップを踏み外すのだが、これがこれから彼を襲う悲劇の前兆となる。

それから1か月、白木ジムを訪ねたジョーに葉子は、先日のファイトマネーとして契約額の数倍の金額を渡そうとするが、ジョーは激怒する。「命ぎりぎりの勝負をしてこのまま虚脱状態で引退したとしても、力石やカーロスの思い出はおれの青春の遺産になってくれるぜ。女の分際でこざかしく男の世界に入り込もうとするな」。どうもこのあたりで後半に作品のワードとなる「燃え尽きる」が見え始めたようである。

折しも外電が入って世界の王者ホセ・メンドーサに挑戦したカーロスが1ラウンド1分33秒でKO負けした、ロバートマネージャーの談話では「カーロスはメンドーサに敗れたのではない。すでに日本のジョー・ヤブキという無名のボクサーに壊されていたのだ」と言っていると伝える。ホセ・メンドーサはカーロスはジョー・ヤブキにスクラップにされ、パンチドランカー、廃人となっていると語ったという。愕然とするジョー。白木ジム会長室でのこの一幕はこの作品の興趣をさらに盛り立てる。

世界制覇への道を歩み出すジョー。しかし忍び寄る破滅の影

それからのジョーは順風満帆だ。後楽園ホールで東洋バンタム級5位のウスマン・ソムキット（タイ）と対戦、1ラウンドKO勝ち。続いて韓国バンタム級チャンピオン金敏腕を4ラウンドでKO、さらにアルゼンチンJフェザー級の強打者エディ・ベイセラにも6回KO勝ち。さらに東洋3位のターニー・アロンゾ（フィリピン）にも2ラウンドKO。

死に神ジョーとして矢吹丈の人気は沸騰する。丹下拳闘クラブにも入門者が増加した。

ジョーの連勝祝賀パーティがテレビ局主催で行われる。東洋タイトルのその先に、世界タイトルへの挑戦が射程距離に入ったことで場内は華やかな気分に包まれるが、その席にホセ・メンドーサがひっそりと現れる。彼はカーロス・リベラを廃人にした男を一目見たくてわずか3時間日本に滞在して去って行ったという。挨拶がわりに肩をたたかれたジョーは、後ではっきりとアザが残っているのを見て、メンドーサの強打を意識する。

ところでこの前後に、ジョーの前途を危惧する発言がふたりの女性から出て来る。ひとりは丹下拳近くの乾物屋の娘、紀子だ。まだスーパーもコンビニもない頃、乾物屋は地域の食料品供給センターでこの林屋商店は丹下拳の支援者でもあり、紀子はずっとジムに出入りするうちジョーに淡い恋心を感じている。珍しくふたりで散歩に出た時、紀子が言う。「毎日うす暗いジムで汗とワセリンと松脂のにおいの中で練習して、たまに明るいところに出ると、そこはリングという檻の中で、血だらけになって殴り合うだけの生活。青春と呼ぶにはあまりにも悲惨だわ」と。この言葉に対してジョーは珍しく穏やかに「わかるかい、紀ちゃん、負い目や義理だけで拳闘をやってるわけじゃない。死にものぐるいで噛み合いっこする充実感、わりとおれすきなんだ」。「わたしにはついて行けそうもない」と別れて帰る紀子である。

もう一幕は祝賀パーティを抜け出したジョーと白木葉子。前に出会ったゴーゴークラブで葉子が言う。「そろそろボクシングの世界から身を引いたら」と。葉子はメンドーサがジョーの前に現れた時に、遠くに連れて行こうとする死神のように見えたと言い、「矢吹くんを見ていると、死を悟った手負いの野獣が死に場所を探し求めてさまよっているみたいで……こわいのよ、とても」。この言葉にジョーが、あんたはいつかこの店でおれに言ったことと反対のことを言っているようだなと切り返す。力石徹やウルフ金串などに神聖な負債がある罪深いボクサーは「リングの上で死ぬべきだ」と。もうその話はやめてと去っていく葉子は、車の中で「苦しそうね、矢吹くん。いつからウェイト（体重苦）と戦っているの」と気になる発言をしている。力石を死に追いやった減量苦がジョーにも忍び寄っていることを見抜いているのだ。

ここまで読み進めてきた読者は並みのスポコン漫画のように、ジョーが世界タイトルを獲得してめでたし、となるハッピーエンドはとても期待できなくなる。よしんば世界最強の王者になったとしても、その先に待ち受けるのは死か、はてしない虚無かとつい想像してしまう。それだから先へ先へと読みたくなる。これほど悲劇性の高い漫画がこれまでにあっただろうか。登場人物のセリフの奥にあるのが来るべき死への予感であり、ジョーは決して幸せにはならないだろうという怖れである。

考えてみると『あしたのジョー』は伏線が見事である。

少年院での力石の登場あたりから、もしかするとこの成り行きは、こんな方向に発展するのではないかと読者に予想させる個所が、必ず配置されている。後から読み返してみると、登場人物のあのセリフはこのドラマの進展をこのように予言していたのかと、読者に気づかせる部分が意外に多い。いまここに紹介した紀子とジョー、葉子とジョーのふたつの場面も、舞台にかけたらそのまま通用するほど芝居として見事に決っているが、セリフの陰に潜む運命の予感に思い当たると慄然とする。

このような場面が創造できたのは、梶原一騎（誌上では高森朝雄）とちばてつやの緊張感あふれる力関係の産物にちがいない。前述のように漫画界における地位は、ちばが上位にあり、自分が描き出す世界には自信を持っていた。原作に沿って作画を進める漫画家とは違う。だから『あしたのジョー』でも梶原が渡した原作の最初の頃を大きく変更してしまった。

このような漫画家の自信に満ちた描写力、展開力に対して原作者はそれを上回るストーリーを用意しようとして両者がしのぎを削る。そんな緊張関係が回を追うごとに作品を面白くした。人物の微妙な動きから次はどうなるのかという読者の期待を高めていく。いわば人間の心理ドラマづくりは、ちばの得意とするところで、ボクシングについては梶原が専門家である。原作に盛り込んだリング上の動きについては原稿では間に合わず、ちばと会っている時に直に伝達することになる。喫茶店やバーでの打ち合わせでは、ふたりが立ち上がりファイティングポーズをとることも多く、今にも喧嘩が始まるのかと周囲の客を驚かせた。そんな緊張関係の盛り上がりから生まれたのが、次に来る金竜飛戦であった。

ところで、何かに追い立てられるようにボクシングの道をひた走るジョーの傍らにあって、唯一ほっとするやすらぎを感じさせるのがマンモス西の存在感だ。ジョーの少年院友達で人がよいこの大男は、ジョーのスパーリングパートナーやセコンドを務めながら自らもボクサーを目指すが、ミドル級のリミットに体重を落とす苦行に耐えかねて、こっそりうどんの立ち食いをしているところをジョーに見つかり、根性のないやつと殴り倒される。

どうやら試合に出るようにはなるが、手を怪我して上位進出をあきらめる。こんなところが吉川英治の「宮本武蔵」に登場する本位田又八を彷彿とさせる。又八は「たけぞう」時代の武蔵と同郷で同じく剣による出世を志すが、後家の色香に迷ったりして挫折を繰り返す。それでも時々は武蔵の周囲に現われる姿が、読者にとってはヒーローでなく等身大の人間を見るようなやすらぎを感じるのだ。

西も市井の好人物として生きてゆく。乾物屋の林屋商店を手伝ううちにその働きぶりが認められ、主人は後継者にする気になる。娘の紀子は最初はジョーに惚れているのだが、どうしても彼の住む世界とは無縁だと思い定めて西と寄り添い、二人はやがて結婚する。緊張感で張り詰めたようなドラマの中でここだけが息抜きとなる。

肉体に過去と未来を語らせる

ジョーは世界への足掛かりとして東洋チャンピオンの金竜飛との対戦が決まる。ここから試合の決着がつくまでのドラマは、ストーリーの運びも両者の肉体の動きの描写もダイナミックにして繊細、独立した作品として読むに値する。

来日した金竜飛は、コンピューターと呼ばれる正確な打撃と精密な設計による試合運びで、向かうところ敵なし。ジョーの挑戦を喜んで受けるという。この金にはボクシング界とは縁が遠いようなトレーナーがついている。玄曹達という元空軍大佐であるとか。ここまで気分を盛り上げたところで、話の前半はジョーの減量苦との戦いになる。

白木葉子が見破ったようにジョーは減量に苦しんでいた。なにしろ身長が6センチも伸びたのに伴い、体重も自然と増加していたのである。バンタム級までウェイトを落すため、ジョーは幽鬼のような形相になるまで体を痛めつけても、フェザー級はおろかライト級近くまでの体重になっている。バンタム級にこだわらずフェザー級に転向しろとすすめる段平にジョーは言う。

「力石はおれと戦うために2階級も下に下りて来てくれた。いまのおれの減量苦なんかの比じゃねえ。それこそ地獄の底をのたうちまわる苦しみだったろう」。

いま、ここで減量苦に耐えることが力石への贖罪となるのである。

それからの描写は読む者を慄然とさせる。体内の水分が極端に不足すると唇が晴れ上がり人相が変わると言うが、その人相を一ページ大にクローズアップし、無意識のうちに地面に落ちているみかんの皮を手に取り、はっと我に返る瞬間などを描く。

ついに試合前の計量の日、金は平然と計量をパスし6ラウンドKOを予告したが、ジョーは2ポンドオーバーで不合格となり、はかりが壊れていると八つ当たりして大暴れする。この乱心を見ていた金もいままでの冷静さを失い、とつぜん暴れ出し、玄トレーナーに連れ去られる。何かが秘められていると思わせる開幕劇だ。

次の計量までに体重を下げなければならない。薬局で下剤を買ったジョーは、サウナの高温室に閉じこもる。ガムを噛んでも唾液が出ない状態まで、肉体が乾ききっているのにだ。サウナから連絡が来た時、ジョーは130度の部屋に、たれ流し状態で失神していた。それでも計量にパス、コミッションドクターもぎりぎりの線で試合を認可した。午後8時の試合開始までに食事が摂れる。レストランに下りたジョーに金竜飛が話しかけてくる。

一杯のレモンティーを前にジョーと向かい合った金は、減量で苦しむボクサーは本物ではないとジョーをさとすうちに、小さい頃からの飢えが自分の胃を小さくし、少量の食べ物しか受け付けなくなったという身の上話に入り、次のように恐るべき事実を告白する。

朝鮮動乱の頃、少年だった金の家では、父親が南（韓国）側の一兵卒として戦争に参加し、金少年は残された母たちと戦火と飢えの中を逃げまわっていた。ある日、戦場に倒れていた兵士から身に着けていた食料を奪おうとした時、意識を取り戻した兵士が反撃してきたので、思わず石で撲殺し食料を貪り食った。

その時、脱走兵捜索に来た兵士たちによって近くにいた避難民たちが集められ、金少年もその群れにまぎれ込む。兵士の一人が石で撲殺された死体を見ていう。この男は金青連という立派な兵士で、戦場のどこかで飢えている妻子に食料を与えたい一心で脱走した。そんな男が同じ朝鮮同胞にこんな残酷な殺され方をされるなんて。とつぜんさっき食べた物をもどして汚物の中をのたうち回る金少年。彼が殺したのは自分の父親だったのである。その時に血にまみれた金竜飛少年を抱き上げてくれた隊長が、今のトレーナー玄曹達大佐だったのである。

ここまで話して金は言う。

「グローブや安全なルールで保護されたなぐり合い程度で、富や名声が得られるなら実際そんなものお安いご用ってところだ。ボクシングはじつに平和でのどかな世界なんだよ、わたしにとっては……」。

蔵前国技館での試合開始前に、これから対戦する相手は、これまで対戦した力石やカーロスとはまったく違うタイプだという。力石らは立場は違ってもリング上では、おれと同じ燃える野獣に変身してくれた。その激突の中からちょうど誘導爆発のように理論を越えて、おれの底力が沸き上がったことが何度かあった。しかし金は氷のようだ。いくら燃えたって通用しない精密機械なんだ。ジョーがこんな心境になるのは初めてのことだが、試合開始のゴングは鳴らされた。

この戦いの描写は実に迫力がある。ジョーと金、飢えきった野獣のような両者の表情がリアルであるうえにパンチの応酬で、紙上から音が伝わってくるような気がする。しかし試合は金の一方的な攻勢で進み、ジョーは度々ダウンする。特に興味深いのはジョーの心の中を独白調で描いているところだ。たとえばコーナーにもどった時、先ほど食事の場所で金が言い放った「スポンジの入ったグローブでのなぐり合いなんて実に平和な世界だ」を思い出し、少年院あたりでつまらぬ意地や対面のためにやってきたけんかボクシングなんて、およぶところじゃねえと独白するのである。

4ラウンドに入った時、金のコーナーでは玄トレーナーが「いけ、舞々（チョムチョム）を使え」と指示する。これはダウン寸前の相手をロープ際に追い詰めたら右に倒れようとすれば左にはじき返し、前に倒れようとすればアッパーで下から突き上げる。「ダウンすればカウントエイトまでは休むことができるが、これでは完全に退路を断たった完璧な詰め」と解説者が言う必殺技だ。しかし玄は、金のコンピューターが少しずつ狂い始めたことに気がついている。

血みどろで5ラウンドを終えたジョーは「無理な減量のあげく戦って死んだ力石徹の二

の舞いをするのか」と迫る白木葉子に水を浴びせ、タオルを投げようとする段平を突き飛ばして6ラウンド目を迎える。この時に彼は心の中でこう叫んでいる。「俺は金がくぐってきた地獄のすさまじさに圧倒され、この男には勝てないと今まで思っていた。でもあの力石も飢えてかわいていた。ひとにぎりの食料のために親を殺した金は、水だけはガブ飲みできただろうが、力石は水さえ飲めなかった……」。

戦いながらジョーの思いは広がる。金は〝食えなかった〟が力石は自分の意志で〝飲まなかった、食わなかった〟のだ。力石は死とひきかえに男の戦いを全うし、おれとの奇妙な友情に殉じた！。別人のようにパンチを繰り出しながらジョーの内的告白は続く。

「人間の尊厳を！　男の紋章ってやつを！　つらぬき通して死んだ男をおれは身近に知っていたんじゃないか」

ジョーの物の怪《け》にとりつかれたようなラッシュに防戦一方となった金は、血にまみれたジョーの顔面を見てとつぜん狂気の発作に襲われる。大量の血を見ると父親殺しの過去が甦ってくるのだ。その隙にジョーのアッパーが入り、6ラウンドKO勝ち、東洋バンタム級新チャンピオンが誕生した。

チャンピオンベルトを力石に捧げるつもりで受け取ったジョーは、ジムに帰るが暗雲が漂い始める。原因不明で失神したのである。そして、医者の診療を拒否してジムを飛び出したジョーは、葉子とともに力石の墓参りに行く。墓は護国寺だという。とすれば「マガジン」の発行元講談社の近くだ。凄絶なドラマに挿入されたさりげない仕掛けである。

破滅の予感

舞台はハワイに変わる。矢吹丈はホノルルで東洋タイトルの初防衛戦を行うが、同じ頃同地でホセ・メンドーサが世界タイトル戦に臨む。ここで二人を再会させ、ジョーの世界タイトル挑戦の足がかりにしようという試みだ。

ところで出発前に段平は、ジョーがパンチドランカーになっているのではないかという不安にかられる。さり気なく様々なテストをしてみると、どうやら大丈夫らしいとハワイ行きの話に同意する。しかし強打のボクサー特有の後遺症パンチドランカーは、これから後のドラマ展開において大きく影を落す要素となる。

有頂天でホノルルに到着したジョーと段平は、粗野なマナー違反を繰り返すが、ジョーは早くメンドーサに会い、挑戦者として名乗りをあげたい気持で一杯だ。だからメンドーサの練習場に紛れ込んでひと騒ぎ起こしたりする。その答礼にメンドーサがジョーの練習場を訪問するのだが、しつこくスパーリングを迫るジョーは「礼儀知らずの黄色い獣」と罵倒され、追いすがると手痛い一発を食らう。

しかしこのメキシコ生まれのチャンピオンは、私生活においては温厚な紳士である。練習の合間には美しい妻と2人の子供とともに、ワイキキのビーチで海水浴を楽しんでいたりする。それを見つめるジョーと葉子。葉子はビジネスを済ましてバカンス中というが、すでにメンドーサの日本でのタイトルマッチ権独占契約を進めている。

実は葉子もまた、ジョーのパンチドランカー症状について心配し始めている。ついさっきも砂浜で不自然な転び方をしたのを気にかけ、メンドーサの健康管理をしているハワイ大学のドクター・キニスキーから何かヒントを得ようとしている。

海岸公園の特設リングでは東洋タイトルマッチが行われ、ジョーはフィリピンのピナン・サラワクと対戦し、激励のためリングに上がったホセ・メンドーサにまたしても殴りかかろうとする。握手のポーズで拳をおさめたメンドーサは落ち着き払っている。2ラウンドKOを予告して場内の罵声の中で戦うジョーを見て、葉子はいつもの矢吹くんとは違う、あわれなほどか細い神経がむき出しになっていて、これもパンチドランカー症状にむしばまれてる自分に対する焦りかとひそかに思う。接戦ではあったが突然たけり狂ったように打ちまくり、ジョーは予告通りにピナンをKO、東洋タイトルを初防衛する。夫人とともに席を立つメンドーサに、今度はお前さんの番だと呼びかける。

タイトル初防衛でジョーは極端なはしゃぎぶりだ。そんな状態を見て葉子はやはりパンチドランカー症状を疑っている。一方、メンドーサはワイキキビーチパークでハワイ・フェザー級チャンピオン、サム・イアウケアと対戦、無類の強さを見せて1ラウンドKO勝ち。ジョーは帰りの飛行機の中でそのイメージにうなされる。

東京に戻った葉子はドクター・キニスキーに連絡して、ジョーの症状を見定めるため来日を依頼する。そして日本におけるメンドーサとのタイトルマッチは、自分のプロモートで実現すると公表する。ただしそれを実現するための条件として、メンドーサへの挑戦前に日本でもう一試合東洋タイトル防衛戦を行う、その挑戦者選びと興行権はすべて白木プロモーションにまかせることを提示した。

白木葉子の存在感はいよいよ大きくなった。もはや白木財閥の孫娘ではなく、国際的なプロモーターである。しかも矢吹丈の今後の命運を握っているようでもあり、ミステリアスだ。

そんな話運びの中に、読者はなんとなくこの物語が終わりに近づきつつあることを予感したであろう。しかもその終わり方がハッピーエンドから遠いものになりそうなことも予感している。それだけに葉子の心配ごとに共感し、その手の打ち方をスリルを感じながら見守るのだ。

いずれにしてもジョーの「あした」が、長編漫画の終わり方の常識をはるかに超えたものになりそうだと読者の誰もが思っていた。

閑話休題。

ここで物語の進行から離れて、少し違う角度から『あしたのジョー』をとらえてみたい。

ここまで読んできて気がつくのはメインキャストの矢吹丈には過去がない。泪橋、玉姫公園にいきなり現れるところから始まり、世界的ボクサーに成長していくのだが、彼の生い立ちや家族、ドヤ街に来るまでの生活についてまったく語られることがない。『巨人の星』の星飛雄馬とは対照的だ。飛雄馬の場合は、父親の星一徹が巨人軍で川上哲治と一緒にプレーしていた頃の大過去、その父親から特訓を受けて成長していく中過去が、物語の前提となっている。

『あしたのジョー』の人々は一様に過去を語らない。力石徹も少年院に入るまでの生活を語らないし、白木葉子は少女時代を語らない。例外的なのが段平が最初のジム経営に失敗したぼやきだが、話はそこまでで家族など私生活については触れられていない。外国選手もそうだ。カーロス・リベラが貧民街の出身だということはマネージャーの説明にあるが、本人の思い出話はない。例外中の例外は金竜飛の父親殺しの過去だが、これはむしろ矢吹丈、力石徹の関係を再確認し、後半部のドラマを盛り上げるための実に巧妙な布石として使われているような気がする。この作品の登場人物に見られるのは、いわば実存的な関係で、特に矢吹丈は過去も未来もなく今そこにいて現実と戦っている実存的人間として描かれる。大詰のホセ・メンドーサのタイトル戦の後半、休憩の時にメンドーサが言う。

「ヤブキは廃人になって死んだりすることが恐ろしくないのか。彼には悲しむ人間などひとりもいないのか」「あの男はわたしとまったく違った人間だ」。

なぜこのような人間が造形されたのか。一つには原作者側の事情があると思う。当時梶原一騎は同じ「少年マガジン」に『巨人の星』という国民的ヒット作を持っていた。次の連載作品では親子関係や根性論を一掃して、編集者の宮原照夫が期待した哲学的な色合いを深める必要があった。したがって主役は実存的な人間となり、いつも死が隣り合わせに感じられるドラマとなった。

いま振り返ると『あしたのジョー』が連載5年目、そろそろエンディングが気になり始めた昭和47年は死を身近に感じる年であった。

2月には長野県浅間山荘に人質を取って立てこもった連合赤軍兵士を名乗る若者たちが、包囲した警官隊との間に銃撃戦を展開した。この時の犠牲者は警官と説得に介入した一般市民であったが、それから間もなく戦慄的な事件が発生した。妙義山アジトで連合赤軍兵士12人のリンチ事件が発覚し遺体が発掘された。連合赤軍リーダーの森恒夫と永田洋子はすでに逮捕されていたが、森は後に留置場内で自殺した。日本で初めてノーベル文学賞を受賞した川端康成が、仕事場のマンションで自殺したのもこの年5月であった。2年前の三島由紀夫の割腹自殺も衝撃的だったが、三島が切望していたノーベル文学賞を先に受賞し、日本の美学を世界に伝えたこの作家の内面は誰も解き明かせなかった。

さて『あしたのジョー』の世界に戻ろう。世界タイトルの前の東洋タイトルマッチの相手は、白木プロモーションが総力を挙げてマレーシアの野生児ハリマオを探してきてジョーと対戦させる。ジョーの戦い方がスマートになり、野性が薄れることを心配した葉子がスタッフをアジア全域に派遣して、ボクシングというよりも喧嘩に強い選手をスカウトしてきたのである。

単身メキシコに飛んでホセ・メンドーサと直接タイトル戦の交渉をしようと東京国際空港に向かったジョーは、ここで来日したハリマオと出会い、乱闘になる。公開練習やジョーの前に対戦した東洋バンタム級のホープ滝川修平戦を見ても、ハリマオはロープ渡りや飛翔攻撃などボクシングの常識が通用しない技を持っている。

ボクシングの定石がまったく通用しない挑戦者に対抗するため、ジョーはかつて盛り場で倒した喧嘩屋のゴロマキ権藤に協力を頼む。権藤の手下十数人を一度にリングに上らせ、乱闘スタイルのスパーリングで対ハリマオ戦法を磨く。

千駄ヶ谷の東京体育館を満員にしたハリマオ戦は予想したように苦戦になるが、ジョーは久しく忘れていた野性が甦ってくるのを感じる。しかし目の前でトンボ返りしながら繰り出すハリマオのアッパーは強烈で度々ダウンを奪われるが、起死回生の戦法はジョーもまた宙を飛び、上から相手を叩き潰すことだった。それから先はハリマオのルール破りの逃げの戦法の連続で、レフリーはジョーの反則勝ちを宣告しかけるが、「ゴロマキ権藤一派とのケンカスパーリングがやっと役に立ったところを、お上品な反則勝ちなんぞにされてたまるかってんだ！」と、ジョーは反則を上回る反則で対応し、この野獣を4ラウンドで場外に葬り去る。

この時、観客席に外国人の浮浪者が紛れ込んでいる。ジョーはいち早くそれがかつて対戦したカーロス・リベラであることに気がつく。今はパンチドランカーとなり、ボクシングだけの記憶を頼りに日本に来たのである。赤ん坊みたいになっちゃってと手を取るジョー。しかし、彼もカーロスの服のボタンをとめてやろうしても手先がままならないし、先刻リングから下りた時に無様にも転倒している。

いよいよ世界への挑戦を前にしたジョーには、死を予感させる滅びの影が色濃くなる。白木葉子の招きで来日したドクター・キニスキーは、ジョーのスパーリングの様子などのデータから、重症のパンチドランカーであると診断して、即刻世界タイトル戦を中止すべきだと勧告する。しかし本人のカルテなしではコミッショナーに中止の勧告ができない。診断を受けるように説得できるのは葉子しかいないのである。

さらにドクター・キニスキーは恐ろしいデータを示した。カーロス・リベラの頭部のレントゲン写真の所見である。頭蓋骨のテンプルの部分が黒く変色しているのは、メンドーサが得意とするコーク・スクリューパンチ、すなわちパンチを打ち込むと同時に手首をスクリューのように回転させダメージを倍加する攻撃の痕跡である。カーロス・リベラはジョーの打撃で廃人にされたと思われていたが、実はメンドーサのコーク・スクリューパンチが原因だったのである。

ジョーの世界タイトル戦出場は彼を死に追いやることになる。葉子は彼に会って出場を思いとどまらせようとするが、ジョーは彼女を避け続ける。そうしているうちに世界タイトル戦の日を迎えてしまう。その直前に紀子と西の結婚式が行われ、披露宴で「鑑別所で殴り合ったふたりのうち、俺が殴り合いを商売にしているのに、西はちんまりとおさまりやがって模範青年、こんなかわいらしい嫁さんをものにして……」と祝辞を述べるくだりが嵐のまえにほっとさせるヒューマンなシーンである。

真っ白に燃え尽きるまで

ついにその日が来た。東京九段の日本武道館でジョーとホセ・メンドーサは対決した。試合前、白木葉子がジョーの控室に現われる。「矢吹くん！　リングに上がるのはやめなさい」と、パンチドランカーの重篤な症状を示して最後の説得である。

「このままリング上でメンドーサの猛威にさらされれば、あなたは廃人として一生を送ることになる。カーロス・リベラのように」。「カーロスのことは口にするなよ。あんたにはその資格がねえ」と言うジョーは、事の発端をつくった葉子の責任を問うているようでもある。

しかし、葉子は必死に追いすがる。「いま試合を中止すればチャンピオンや主催者たちに莫大な違約金が発生するが、それは全額わたしが負担する。だから試合をやめて」と追いすがる葉子にジョーが言う。「自分の体が壊れていることは自覚していた。すでに半分ポンコツで勝ち目がないとしてもリングに出る。ここは女の来る場所じゃねえ」と突き放されて、ついに葉子が言う。

「すきなのよ。矢吹くん、あなたが!!」「すきだったのよ。最近まで気がつかなかったけど」「おねがい。わたしのために、リングにあがらないで」「この世でいちばん愛する人を廃人となる運命が待つリングへあげることは絶対できない!!」。

とつぜんの告白に一瞬ジョーはたじろぐが、決めのセリフはこうだ。

「リングには世界一の男、ホセ・メンドーサがまっているんだ。だからいかなくっちゃ」。

このセリフなどは、かつての日活映画などで何度聞かされたことだろうか。しかしこのふたりのシーンを何度読み返してもあらためて感動するのは、これまで自由奔放に動き回っていた主役が、そろそろ幕切れの時が近いことを自覚して生き方に決まりをつけ始めた、そんな行動と美学がこの場面に凝縮されているからではないか。

しかし突っ張っていたジョーが葉子の肩に手を置いて、ありがとうと言う。次の瞬間、控室の扉が叩かれ、ジョーはリングに向い、葉子は一人残される。場内の大歓声と控室の水道からの水滴の音のシンクロ、これも映画的なモンタージュである。

ここでまた閑話休題。

『あしたのジョー』が連載されている時代は、日本のボクシング界でも黄金期であった。ファンティング原田、沼田義明、西条正三、藤猛、ガッツ石松、輪島功一など、個性的な選手が出現し、世界一の座を争っていた。ちなみに『あしたのジョー』に登場した野生児ハリマオのモデルは世界J・ミドル級チャンピオンになった輪島功一で、その得意なカエル飛び戦法がヒントになったという。

『あしたのジョー』で世界バンタム級タイトルが始まったのは、昭和48年2月4日号からだが、その号が発売された頃、ボクシングファンにとって衝撃的な事件が起こった。WBA世界フライ級チャンピオン大場政夫の事故死である。大場は世界タイトルを5度にわたって防衛。この年明けに5度目の防衛戦に成功したばかりの、まさにゴールデンボーイだ。すでに郷里の身内には住まいをプレゼントし、今度は自分のために高級スポーツカーを購入。しかし同年1月25日、運転中に首都高速飯田橋近くで、道路の壁面に激突して即死した。「永遠のチャンプ」と呼ばれる大場の死は『あしたのジョー』の読者の心にも暗い影を落とし、この連載がいつどんな終り方をするかを、いっそう気に掛けるように仕向けたとも言える。

すでにこの頃には作り手側は、物語の終り方を明確にしなければならない段階にさしかかっていた。梶原一騎とちばてつやはさぞや熱のこもった話し合いを展開して、綿密な設計図を描いていったかと思うが、関係者の証言を総合していくと、そうではない。

梶原は多くの連載を抱えて忙しすぎて、ちばと話し合う時間が少なくなった。原稿に書かれた文字から登場人物たちの心が読み取れないと、ちばがその点を深読みした場面を創作することもあったという。前出のジョーと葉子の場面も原作にはなかったと著書『夕やけを見ていた男　評伝梶原一騎』でちばてつやを取材した斎藤貴男は、ちばの証言を引き出している。『あしたのジョー』のラストシーンが、どのようにして作られたかを検証するのをもう少し先にして、いま開始されたた世界タイトル戦の場面に戻ろう。

開始後しばらくの間は両者の打ち合いが続くが、画面は静寂である。というのはジョーとメンドーサの心理描写やセコンドの思い入れを省き、両者の拳の動きをクローズアップして音を聞かせるのである。ドシン、シュッ、シャッ、ドカドカッ、ビシッ、ドカバスッ、バキッ、ドスッ、パキッ……何とも不気味なイメージをかき立てる音の羅列である。

メンドーサ得意のコーク・スクリューパンチがジョーを捉えた時はガシッ、ジョーの単調な攻めをメンドーサがかわす時はブン、ビュッ、シュッである。ジョーが劣勢で迎えた3ラウンドに解説者が言う。チャンピオンは余裕をもって、剣道でいう「見切り」に入ったと。すなわち紙一重に近づきながら余裕をもって相手の攻撃をかわし、止めを刺す機会をうかがっているのである。

このラウンドで2度も倒され、4ラウンドに入った時、メンドーサがふと疑いを持つ。ヤブキはすでに死んでいる、自分は死人と戦っているのかと。

この迷いが4ラウンドに入ってからジョーを立ち直らせる。打ち合いの一瞬にリングサイドにいるカーロス・リベラの姿が目に入ったことも心を乱れさせる。ジョーのパンチが炸裂し、互角の状況となるが、ジョーは片目がみえなくなっている。

2月から4月にかけてこの死闘の様子は書き続けられた。前年の11月から『あしたのジョー』は静岡県伊東市の富戸《ふと》にあるちばプロの寮で書き続けられていた。練馬区富士見台にあるちばプロの建物が改修中のためで、毎週締め切り前にはスタッフが揃って温泉地に移動していた。ちばと梶原が会う機会はさらに少なくなった。斎藤貴男によれば梶原からちばのもとに届いた最終回の原稿は次のようであったという。

「ジョーはホセに敗れる。うなだれたジョーに段平が言っていた。『お前は試合には負けたがケンカに勝ったんだ』。ジョーが白木邸で葉子と一緒にぼんやりひなたぼっこしている。彼が廃人になってしまっていたかどうかは定かでない。葉子は微笑んでいる。二人とも幸せそうだ……。」

ただし本当に原稿にそう書かれていたのか、それとも何かの折に梶原に会った際に聞かされた構想だったのか、取材の時点では、ちばは正確に覚えていなかったと斎藤は書いている。それでもちばは段平の言う「ケンカに勝ったじゃないか」のセリフがどうしても納得できなかった。そこで梶原に「ラスト変えますよ」と電話を入れた。梶原の返事は「ああ、任せるよ」だった。

ちばを中心にアシスタントが集まり、ラストをどうするかのアイデアを出し合ったが、どうもピンと来るものがない。二十案ぐらいが並んだが、この大作の締めくくりとしては決め手に欠けるのだ。

その時、単行本の第一巻から読み返していた若い担当編集者が飛んできた。「これですよ。これこそ『あしたのジョー』のラストシーンじゃないですか」。

彼が指し示したページは、ジョーと紀子のデートシーンだった。紀子になぜボクシングを続けるのかと問い詰められたジョーが、「俺はそこいらの連中みたいにブスブスと不完全燃焼してるんじゃねえ。ほんの瞬間にせよ、まぶしいほどまっ赤に燃え上がるんだ」。その後に続くジョーの独白はこうだ。「そして、あとにはまっ白な灰だけが残る。燃えカスなんか残りゃしねえ……まっ白の灰だけだ」。

試合は6ラウンドまで進んでいる。一時はやや優勢だったジョーか再三ピンチに立ち、メンドーサ側のセコンドが「このまま試合を続けると恐ろしいことになる」とジョーを棄権させるようレフェリーに勧告している。

7ラウンド、両者の打ち合いは凄惨な地獄絵だ。コーナーに戻ったジョーに段平は、これ以上見てられねぇ、と棄権を申し出ようとする。それに対してジョーが言う。

「待ってくれよ、おっちゃん……おれはまだまっ白になっていねぇんだぜ」。

まっ白ってどういう意味だと問いかける段平に答えるように、3ページにわたりジョーと紀子のデートシーンがリピートされ、再び日本武道館の場面に戻り、ジョーのセリフがつながる。

「つまり……その燃えカスがまだ残っているんだよ　ブスブス……とな」「たのむや、まっ白な灰になるまでやらせてくれ」。

ここで8ラウンドのゴングが鳴る。打たれ続けるジョー。白木葉子はいたたまれず席を立ち車に乗るが、ここでもラジオの実況が聞こえてくる。

「矢吹、チャンピオンの猛攻猛打に耐えきれずついにダウン」「いよいよもって凄惨な試合になってきました」。運転手にラジオを切らせ、車を発進させるが、またラジオをつけさせ、メンドーサのコーク・スクリューパンチがジョーの顔面に炸裂した瞬間を聞く。ついに意を決して葉子は武道館に戻る。車の中で葉子はジョーに詫びる。

「私が首謀者なのに、逃げようとしている。この試合にどんな結果が待ち受けていようと、わたしは決して逃げたりしない！」

ラウンドの合間にメンドーサが言う。

「矢吹は廃人になったり死んだりすることが恐ろしくないのか。彼には悲しむ人間がひとりもいないのか」「わたしは恐ろしい。故国には愛する家族がわたしの帰りを待っている」

「矢吹……あの男はわたしとまったく別の人間だ」。

冷静なメンドーサが反則をおかしゴングの合間に言う。あれだけパンチを打ち込めば廃人か死人になっているはずだが、矢吹はすぐに立ち上がってくる。わたしはジョー矢吹の幻影と戦っているのか。それとも恐ろしい夢でも見ているのか。

最終15ラウンド、ジョーのトリプル・クロスカウンターが出てチャンピオンがダウンするが、ゴングで試合終了。

「燃えたよ　まっ白に燃えつきた。まっ白な灰に……」と満足そうにつぶやくが、もう目がみえない。外したグローブをあんたにもらってほしいんだと、リング下の葉子に渡す。

善戦むなしく判定はホセ・メンドーサに下る。しかし彼は恐怖で髪がまっ白になり、端正な容貌が見る影もなくなった。

「よくやった。わしは何もいうことがねえ」と段平に肩を叩かれるシーンに続いて、コーナーの椅子にひとり座るジョーの全身像が現れる。肌は傷だらけ髪はまっ白で、目を閉じてうなだれている。その右下に「完」のひと文字だけ。

この最後のシーンがちばによって書き上げられ、編集部に原稿が届けられた時、担当者の机のところに、部屋にいた編集部員全員がワーッと走り寄った。掲載された「週刊少年マガジン」5月13日号が発売されたのは昭和48年4月20日であった。

5年4ケ月続いた『あしたのジョー』の意外な終り方について編集部には、「ジョーは死んだのか、生きたのか？」という問い合わせが殺到したが、編集長になっていた宮原照夫は部員に厳命した。

「絵の通りですと答えるように。死んだとも生きたとも答えてはならない」。

それから43年後、このシーンはまだ生き続けている。小学生でも「あしたのジョー、ボクシングの話だね。ジョーは死んだの、生き続けたの」と言う子が少なくないのである。

第二章

『あしたのジョー』の時代——あの5年4ケ月を傍観する

「週刊少年マガジン」に『あしたのジョー』の連載が始まったのは昭和43年（1968）1月1日号、連載が終了したのは48年（1973）5月10日号であった。この間5年4ヶ月、日本はどうだったか。

政治的、経済的には戦後体制を完全に離脱し、高度成長への道を走り続けていた。世相を表すキーワードが〝昭和元禄〟であり、庶民の所得向上で〝一億総中流化〟が達成されたイメージが蔓延した。一方では公害が顕在化し、反体制運動の波が高まった。各地の大学では学園紛争が激化し、全共闘による過激な街頭闘争の波が高まり、やがて海外にまで及んでいった。

川端康成が日本人最初のノーベル文学賞を受賞した2年後、現代日本文学を代表する三島由紀夫が、自衛隊に乱入し割腹自殺した事件は、それからさらに1年3ヶ月後に発生した連合赤軍集団虐殺事件とともに、それまでの文学や政治に対する見方では解き明かせない謎として残り、それから間もなく川端康成も自殺した。やがて沖縄が返還され、「日本列島改造論」を提唱し〝今太閤〟的な人気を得た田中角栄が政権を獲得、日中国交回復が成立した。第一次石油ショックが日本列島を襲い、高度成長気分がいっきに冷え込み、終末論が蔓延したのは『あしたのジョー』の連載終了から半年後であった。

振り返ってみると、簡単に総括できない時代である。「昭和二万日の全記録」（講談社）では第14巻「揺れる昭和元禄」と、第15巻「石油危機を超えて」の前半に当たる。そのような時の流れをどう捉えようかと考えていたとき、「見えざる革命」などの著作で有名な世界的な経営学者、哲学者のP・F・ドラッカーに『傍観者の時代　わが20世紀の光と影』（風間禎三郎訳・ダイヤモンド社）という本があったのを思い出した。

20世紀の初めにオーストリアに生まれ、アメリカで多くの仕事をしたドラッカーが70歳を迎えた頃に半生の歩みを回顧した書物だが、本書は個人史でもないし、自叙伝でもないとドラッカーは冒頭で前置きしている。

「私の体験、私の生活、私の仕事は本書の主題ではなく単なる伴奏に過ぎない。けれども、本書は極めて主観的な本である。一流の写真家が主観的たらんとするのと同じ意味で。本書で取り上げた人と出来ごとは私にとってかつてと同様、今も驚嘆措く能わざる人と出来ごとである記録に値する、一再ならず思いをめぐらすに値する、省察に値するそれは人と出来ごとであり、私の人生の絵柄の中に嵌め込まずにはいられなかった、そして私の断片的な世界―私を取り巻く世界と内なる世界の未完の像―の中にも同様に、嵌め込まずにはいられなかった人と出来ごとである」（プロローグ　傍観者の誕生）。

この本は１９３５年のウィーンの記憶から始まり、精神分析学を確立したジークムント・フロイト、国際政治家のヘンリー・キッシンジャー、雑誌王ヘンリー・ルイス、ＧＭの経営者アルフレッド・スタローン、テレビ時代の理論を創造したテッド・マクルーハンなどの人物と彼らが生きていた時代が活写されるのだが、私がこれから描こうとする「あしたのジョーの時代」はこれよりも短いレンジである。

ステージも日本列島に限定され、登場する人物のスケールもマイナーである。それでも私はあえて「傍観者の時代」を使ってみたかった。このわずかな時期は、私の人生でなかなか重要な意味を持っていたからである。すなわち出版社の編集者という職業を離脱して、フリーランスのジャーナリストという仕事に踏み出した時期に当たる。それから今日まで、私はこの仕事に関わり続け、肩書のない名刺を使い続けている。20世紀のごくわずかな部分である時代を切り取って、自分なりにそれを総覧してみようと思い立ったのは、「傍観者の時代」に名を借りて、ドラッカー流に言えば「人生の絵柄に嵌め込もう」とつい思い立ったのである。

最初にこのような言い訳をして、5年4ヶ月の日暦をひもといてみよう。

アングラ、サイケ、フーテン、都市の狂騒の中で

『あしたのジョー』第一回が掲載された「週刊少年マガジン」が発売された昭和43年

（1968）の年末、ラジオからは「おらは死んじまっただ」で始まる奇妙なメロディーがよく流れていた。京都の大学生三人組が自主制作し、関西の放送局にテープを持ち込んだ、おふざけ半分の作品だったが、深夜放送から火が付き、全国的に広がりつつあった。曲名は『帰ってきたヨッパライ』。

その大学生とは京都府立医大の北山修、龍谷大学の加藤和彦、同志社大学のはしだのぶひこ（端田宣彦）で、車に轢かれて昇天した男が天国で騒ぎすぎて外界に追放されるという他愛ない筋だが、テープを逆回しして音響効果を高めたり、こわい神様のセリフが面白く、レコード化されるとたちまちベストセラーになった。このトリオのその後の人生は様々だった。北山は精神医学の権威者となったし、加藤は音楽やファッションの先端を行く貴公子であったが、六十歳を前に自死。端田のみシンガーソングライターとして相変わらず活動を続けている。

もちろん当時はそんな彼らの運命など知らず、私は突然変異的に聞こえるが、趣向先行の歌だと思って聞いた。当時の私は、光文社の社員で「週刊女性自身」編集部所属。つい1カ月前に結婚したばかりで、港区白金台の木造1LDKのアパートに暮らし始めた頃だった。後にプラチナ通りと呼ばれる外苑西通りの裏側だったが、その当時は洒落た店など一軒もなく、昔ながらの魚屋や豆腐屋などがわずかに軒を並べているだけだった。

妻と一緒に渋谷の街に出ると、道玄坂下のレコード店から「天国良いとこ一度はおいで。

酒はうまいしねぇちゃんはキレイだ」のフレーズが流れていたのを思い出す。

出版社の中で光文社の景気はよかった。カッパブックスが次々とベストセラーを連発していたし、「週刊女性自身」も女性週刊誌四誌の中で断トツの売れ行きで100万部に迫っていた。したがって冬のボーナスも悪くなかったはずだが、結婚費用などに消費したため、懐中は乏しかった。

しかし、出社すれば取材費と称して飲食代は後精算で無制限に使えたし、タクシーも乗り放題だった。その当時、上司の口癖は「街にでろ、人に会え」だったから、取材費を多く使う者が働く編集者と見られていた。時には編集会議の席上、編集審査部長から「君たち池袋から銀座までなぜタクシーに乗るのか。地下鉄を使うほうが早いのに」的な説教があったが、飲食その他については特に問題視されなかった。

その頃の編集体制はニュース、ファッション、生活実用、特集などの各班に分かれ、デスクの下に編集者が二、三人配置され、その下に取材記者が付くという構造だった。取材記者には、第一次安保闘争の頃の学生活動家や演劇人崩れも混じり、全体的にアナーキーな気分がみなぎっていた。何かプランを実施する前にひと理屈こねないと行動しない者もいて、チームプレーをするのが一苦労だった。上司は記者をうまく使えというが、それがなかなか大変で、私は苦手だった。雑誌づくりの重要な面を分担しているのに社員編集者と待遇が違うのはなぜか、もっと共闘すべきだという意見が学生運動家上がりの記者に強く、それが後の光文社争議へと発展していった。

昭和43年1月8日、新年の仕事が始まったばかりの編集部に、円谷幸吉自殺の第一報が入った。4年前、東京オリンピックでマラソンの銅メダリストとすぐに結びつかず、怪獣映画の円谷プロ主宰者が何かのトラブルで死を選んだのかと、勘違いした者もいたという。練馬の陸上自衛隊宿舎で頸動脈を切っての自殺で、アキレス腱などの故障で、この年に開催されるメキシコ五輪に出場できないことに責任を感じたことが原因と見られた。

駆け付けた同じ東京五輪で重量挙げ金メダリストの三宅義信が「馬鹿だなぁお前、こんなに楽しい世の中なのに」と言って号泣したという。円谷も三宅も自衛隊体育学校に所属して、五輪の栄光は将来の地位を保証している。たとえメキシコが無理でも指導者に回れば何ということはない。三宅の一言はそんな意味だが、円谷はなぜそこまで思い詰めたのか。「女性自身」では特集記事で、彼が手術のため入院していた病院に見舞いに現れた女性を追ったが真相はつかめなかった。

この衝撃的な自殺の後に公開された遺書がいまだに私たちの胸を打つ。

「父上様母上様、三日とろろ美味しうございました。ほし柿、もちも美味しうございました。敏雄兄、姉上様、おすし美味しうございました。勝美兄、姉上様、ブドウ酒、リンゴ美味しうございました。巌兄、姉上様、しそめし、南ばんづけ美味うございました。〈中略〉父上様母上様、幸吉はもうすっかり疲れきってしまい走れません。(中略)幸吉は父上様母上様の側で暮らしとうございました。」

郷里である福島県須賀川市で過ごした正月の大家族団らんの直後、彼はなぜ突然、死を選んだのか。沢木耕太郎は後にノンフィクション「長距離ランナーの遺書」でこの謎を追求した。

円谷は体の故障以外にも追い詰められていた。ともに東京五輪に挑んだコーチが人事異動で彼から離れていたし、たしかに恋人がいたが、上司はメキシコで結果を出すまではと結婚を許可しなかったという。沢木の調査では正月の団らんが終って幸吉は大宮駅前まで兄の車で送られたが、そこで一人になって自衛隊宿舎に帰るまで一日の空白があるという。そこで何かあったのか。半世紀以上たってもいまだにそんな謎が膨らむほどこの出来事は哀切であった。

1月19日、米国原子力航空母艦エンタープライズが長崎県佐世保港に錨を下した。これに反対する全学連各派などと警官隊が激しく衝突した。私の周囲にいたカメラマンのひとりは血が騒ぐといって仕事でもないのに単身佐世保に行ってしまい、生活記事の写真を頼もうとしていたデスクをあわてさせた。米情報収集艦プエブロが北朝鮮に捕獲されたり、沖縄嘉手納基地に米戦略爆撃機Ｂ52が飛来したり、血を騒がせる事件が続発していた。

2月20日には、金嬉老という在日朝鮮人が清水市のクラブで暴力団員２人を射殺し、45キロ離れた寸又峡の旅館に、旅館主一家と宿泊中の工事関係者計13人を人質として立て籠もるという事件が発生した。ダイナマイト約70本とライフル銃を持った金嬉老は、集まった報道陣にこれまで自分が受けた民族的差別を訴え、それに関わった静岡県警幹部に謝罪を求めた。金は詰めかけた報道陣に旅館内を公開したり、一部には同宿取材も許可した。テレビのワイドショーにも出演した。当時はまたその言葉はなかったが、まさに劇場型犯罪であった。

「女性自身」でもニュース担当班が寸又峡まで記者を派遣していた。私はその頃、生活グラビア担当だったので、この事件とは関係なかったが、テレビを注視していた。人質監禁、金のワンマンショーは2月21日から24日まで続いた。

不思議なことにこれだけメディアを独占すると、殺人犯である金の行動が正当なものにも感じられ、国家権力に敵対する英雄的なものにも見えてくるのであった。文化人といわれる人たちから、金の民族差別に対する行動を正当なものとして支持する声明が発せられ、救援活動のため現地入りした人たちもいた。籠城から4日目の2月24日、金が記者会見を行った時、記者の中に紛れ込んでいた警官によって逮捕された。組み敷かれ舌を噛み切らないよう警察手帳を口中に差し込まれている映像が茶の間に流れた。

このような喜劇的結末ではあったが、4日間というもの、日本中が金嬉老という殺人犯に翻弄されていたことは確かである。テレビの前にいる者の中には彼を民族的英雄として見る空気も形成されていた。逮捕後に開かれた公判で金の弁護団は、「日本政府、日本国民が朝鮮人、在日朝鮮人に対して負うべき原罪」を前提に弁論を進めたが、寸又峡の旅館における殺人犯を英雄的な存在にしたのは、メディアと一部の知識人と言われる人たちであった。

後年、筒井康隆は「金晋太郎」という小説を書いて、この事件をパロディ化している。事件が風化した後、立てこもった犯人と説得に当たった警察官が、自分たちが主役であった当時を語り合うシーンが秀逸だった。

その頃、東京の街には活気があった。新宿を中心にアングラ文化が生まれていた。その語源はアンダーグラウンド演劇、すなわち俳優座、文学座、民芸の三劇団を頂点とする既成の新劇に対する批判から始まった新しい演劇活動である。その舞台は劇場を離れ、文字通り地下空間や空き地にテント張りの仮設劇場を作って公演する場合が多かった。

42年から43年にかけては、唐十郎の状況劇場が新宿花園神社境内に紅色のテントを張って「腰巻お仙・義理人情いろはにほへと篇」や「由比正雪」を上演、寺山修司の天井桟敷が「毛皮のマリー」「新宿版千夜一夜物語」などを上演していた。鈴木忠志の早稲田小劇場の旗揚げは、早稲田大学近くの喫茶店での公演だった。

新宿三丁目の映画館アートシアター新宿では、映画の上映が終わってから観客が終電に間に合うように短い一幕物の芝居などを上演していたが、その地下にアンダーグラウンドシアター蠍座という客席80の小劇場を設けていた。

そんな熱気が街に溢れ、アングラは一種の盛り場のシンボルとなっていた。そこには同じ文化を共有する人たちの溜り場ができる。新宿花園町の旧青線地域跡にバーやスナックが密集したゴールデン街はその代表的存在で、私たちは酒を飲むよりもそこで誰と出会うかに興味があった。

あるバーに入ると、いま状況劇場の唐さんがここで口論して暴れたとかで、ナイフでソファが切り裂かれた跡を見せられたし、ある時は芥川賞作家になる前の田中小実昌と漫画家の滝田ゆうが演歌を熱唱していた。新宿御苑に近いユニコーンという店は大島渚率いる創造社の巣窟で、壮絶な激論の場になるといわれていた。

後年、北海道大学名誉教授の中野美代子氏と札幌の居酒屋で歓談した時、ゴールデン街の思い出話になった。東大にいた頃よく通い、コミさん(田中小実昌)たちとつるんでいたという。「いい子にしてたら私、東大教授になれてたと思うけど、やっぱり楽しかった」とこの中国文学の権威は何度も繰り返した。

その頃、原色をふんだんに使ったサイケデリックアートも、美術やファッションでひとつの潮流になっていたが、それを簡略化したサイケ調、またはサイケが流行語になっていた。何となく奇妙奇天烈なものをニュアンスをこめて人物や巷の現象に、この言葉を当てはめようとしたのである。

青山・原宿辺では新趣向の店ができていた。ワンルームに絨毯が敷いてあり、靴を脱いだ客はめいめい勝手な場所を占めて音楽を聞いたり飲食したりする。名付けて絨毯バーである。同じ趣向の店が大阪にも出現していると関西の友人から聞いたが、その呼び名が「裸足クラブ」。そのネーミング感覚に感心した。

その頃、フーテン族という言葉がよく使われた。新宿駅周辺にたむろしている若者たちを指しており、ただ無為に時を過ごしているように見えて、犯罪性はないが、シンナーを吸引して過激な行動に走ることもあった。43年にはその数約300人に達したと報道され、花園神社で集会を開いたり、本郷の東大構内に乱入する出来事もあった。

7月には死亡事故が発生したシンナー遊びを防止するため警視庁が、厚生省に薬物指定の申し入れをした。新宿の風月堂は、展示施設などを備えたインテリが集まる店として昔から有名だったが、この当時ははフーテン族の溜り場になっているという噂だった。たしかに変わった風体の若者がコーヒー一杯で何時間も粘る姿が見られた。

東大入試が行われなかった年

昭和44年（1969）の正月、東京大学はまだ紛争の最中だった。そんな中で前年11月の駒場祭のポスターが学生の心情のシンボルとして話題になっていた。銀杏のバッジを背中に背負った肌に墨を入れた青年の半身像は、人気を集めていた東映任侠映画（藤純子主演の緋牡丹博徒シリーズ第1作封切は前年9月）の影響だろう。そこに添えられた惹句にいわく、「とめてくれるなおっかさん　背中のいちょうが泣いている　男東大どこへ行く」。作者は後に作家となる橋本治だった。すでに忘れ去られた存在になりかかっていた評論家・羽仁五郎の「都市の論理」ペーパーブックス版が書店に並び、よく売れていた。この本は年末までに四十万部余り売れるベストセラーになった。

ところで光文社では後で考えてみると、会社のその後の運命を決める決断がなされていた。社長の神吉晴夫が月刊誌「少年」の休刊を決め、漫画からの撤退を表明したのである。

光文社はカッパブックス・シリーズで躍進を遂げる前に「少年」と「少女」という雑誌の両輪を持っていた。このうち「少女」は先に休刊し、「週刊女性自身」に編集の総力を注いだ。同誌の育ての親である黒崎勇が「いま日本に少女は存在しない。身体的に未成熟でも心は女性である」という名言を残して「女性自身」の創刊編集長となった。一方「少年」は月刊誌のまま存続していたが『鉄腕アトム』（手塚治虫）と『鉄人28号』（横山光輝）の2大連載がテレビアニメ化され人気を保っていた。それが突然休刊するばかりでなく、漫画から撤退するという社長宣言は衝撃的であった。この宣言をいちばん歓迎したのは隣りの講談社ではなかったか。もし「少年」が週刊化すればアトム、鉄人を軸にした強力な連載の柱が生まれ、手塚を頂上にした有望な新人が腕を振るうだろう。それが一方的に撤退してくれるのだから、「週刊少年マガジン」の勢いはさらに加速した。

この施政方針演説がいつなされたか。43年の仕事納めの社員集会であったか、44年の仕事始めか、それとももう少し遅い春先であったか。今では確かめようがない。45年の社内争議で労働組合がふたつに分裂し、その直後は仕事の現場も別々になった光文社には正式の社史がない。ほぼ10年ごとに各部署の社員へのヒアリングを基にした社史を編纂している講談社とは対照的だが、その原因はどうもこの時の社長の宣言に起因しているような気がする。

「わが社は漫画は出さない。全集も文庫も百科事典の類も出さない。創作出版一筋で行く」という独特の発声が耳に残っているが、古参の社員にしてみれば、殿、ご乱心かと聞こえたのではないか。

後で振り返ってみると、戦後次々とベストセラーを産出し、カッパブックスに因んでカッパ大将と呼ばれて一世を風靡した神吉晴夫も、この時期には編集者としての活力を失っていたのではないか。自分でもその限界を知っていたのか、次世代の育成に力を入れていた。

カッパブックス、カッパビジネス、「週刊女性自身」の編集長、販売促進、宣伝の室長が毎日早朝日替わりで神吉邸に電話して、その週の動きを報告する早朝電話セミナーは、神吉自身が本に書いたりして有名になっていたが、社内ではこれを五奉行体制と呼ぶ批判的な空気もわだかまっていた。そのわだかまりの中心は昭和20年代から神吉と仕事をしてきた古参の社員で、彼らは編集の実務を離れ、管理部門などに回っていた。

「少年」休刊、漫画からの撤退は、経営者としては栄光を築いたが、創作者としての才能を失いつつあることを自覚した神吉の焦りに起因するものであったのかも知れない。後から考えると、これは光文社内だけでなく日本の漫画史に残る〝事件〟であったかも知れない。漫画の担当者の何人かは社外に去り、他誌の強化に尽くした。また古参社員の不満は鬱積し、この年の春闘はいつもの年よりも激しかった。

ところで私は、年明けに出社するとすぐ「週刊女性自身」の部内異動で『シリーズ人間』担当を命じられた。前々年に始まった活版の大型企画シリーズで人物をテーマに7、8ページを費やすノンフィクションで、取り上げる対象は性別、年齢、職業を問わない。日本を動かす政治家、実業家も話題の美女も市井の老女も、犯罪者まで人間すべてを対象としてその周囲の出来事を深堀りするというところからこの汎用的な通しタイトルが付けられた。

すでにいくつもの話題作が生まれていた。「金勢さき子さんが手首を切るまで」はインドネシア賠償にからんで、商社から大統領宮殿に送り込まれた女性の生涯を克明に追跡した。新聞記者の間では記事にできない秘話となっていただけに、このシリーズが男性読者にも読まれるきっかけとなった。「生きていたあの日の助産婦」は原爆投下のその日、爆心地の退避濠の中で産気づいた女性がいた。赤子を取り上げた女性も被爆していた。後に一編の詩によまれたシーンを事実として捉えた取材班は、八方手を尽くして登場人物の行方を確かめた。原爆ドームの下で産んだ母親、産ませた助産婦、生まれた娘が再会するシーンは感動的だった。あるいは自殺の名所、熱海錦ヶ浦の海底に何があるか、ダイバーと記者が探検するという企画も実験した。

『シリーズ人間』班は編集部内の花形だ、私もいつか配属されることを期待していた。しかし気がかりは担当デスクの児玉隆也という人物だった。年齢はそう違わないが児玉はすでに編集部内のスターだった。大学生の頃から取材記者のアルバイトをしていたが、光文社の入社試験の資格が大学の昼間部出身者に限られていたため、夜間部出身の彼は社長に手紙を書いて直訴して採用された。その時に雑誌「世界」に掲載された勤労青年の手記が社長の心を動かしたといった話が伝えられていた。

「週刊女性自身」編集部では早くから才能を発揮し、例えば『サリドマイド児実証事件』(妊娠中に使用していた薬品が胎児に影響したかを製薬会社と争った妊婦が、あえて子供を中絶して写真を公開した事件）のような社会派記事を演出する手際が見事だった。また権力の内部に食い込み、創価学会の会長夫人を初めてマスメディアに登場させ、販売の組織固めに貢献する働きもしていた。

彼は社内的にはマキャベリストの一面もあった。同僚や部下に才能がないと見ると、巧みに根回しして切って捨てる。そんな事例を私はよく見ていた。

初めて出席した年始早々の班会議でも児玉は颯爽としていた。『シリーズ人間』が前年の菊池寛賞にノミネートされたことを報告し、それに伴い名古屋のテレビ局に招かれて講演した時の速記録コピーを配布した。年末年始の休暇中にこんなプランを考えたと2、3本を披露したが、どれもエスプリのきいたタイトル、惹句付きですぐにも取材にかかれそうに見えた。

話の最後に児玉は「水野さんが冬休みに時代物の短編を書き上げたと言って持ってきたが、これがなかなかいい。『シリーズ人間』のアンカーをやっているうちに人間洞察力、文章力が養われ作家として一段と進歩した。いずれ小説の担当者に紹介して活躍の場を広げてもらいたい」と言った。

話に出てきた水野泰治はこの当時40代半ば、もともとが山手樹一郎門下の時代小説の書き手だったが「週刊女性自身」のアンカーとなってからは、現代的な感覚を持つ文章が書けるようになった。『シリーズ人間』では最初からアンカーに選ばれたが、余人を寄せ付けない構成力、筆力を発揮していた。

毎週月曜日に取材した記者からデータ原稿を受け取り、話を聞いて書き始める。イメージをつかむため詰めの取材に同行することもあった。火曜日の昼頃、半ば出来上がった原稿を担当の編集者とデスクの児玉が呼んでダメ出しをする。構成を大幅に変えて最初から書き直すことも多かった。児玉によれば、この段階は水野さんが投手とすれば肩を温めている段階でこれからが本番であるという。

事実、それからの乗りは並大抵ではなかった。ほぼ半日後、所定の行数ぴったりに最後まで乱れのない文字で原稿が書き上げられた。水野はその場に倒れてしばらく仮眠してから帰宅する。あるいはニュース物などの原稿を頼まれて、さらに数時間机に向かうこともあった。酒を飲むと、水野はこの仕事は面白いし生活の糧にもなるが、小説が書けないと悩みを訴えていた。

それから10年近く後に水野は、別の出版社の長編小説懸賞募集で大賞を獲得して、本格的に小説を書き出した。しかし目立つ代表作を残せなかったのは、後年『シリーズ人間』を担当した編集者によれば、水野さんは7～8ページの世界に全力を傾けすぎた、名人芸は残したが、それ以上に作品世界を拡大することができなくなった、そうである。

会議の後、新宿の居酒屋で新年会が開かれた。記者たちと演歌をがなっていると、児玉が近づいてきて言った。「君のそんな演歌体質に期待してるんだ。義理人情、浪花節的なテーマで勝負してくれよ」。二次会で回ったゴールデン街はやたらと寒かった。

1月18日、東京大学の要請を受けた警視庁は、東大本郷構内の安田講堂などを占拠していた全学共闘会議派学生を排除するため、機動隊850人を導入、封鎖解除にあった。続々と構内に侵入した機動隊は、バリケートの手薄な建物を次々と解除したが、安田講堂では反代々木派学生の激しい抵抗にあい、持久戦となった。

機動隊はヘリコプターや放水車を動員、催涙弾が撃ち込まれ、激しい市街戦状態になった。朝から始まったこの様子はテレビで中継され、機動隊が講堂内に入り、学生を排除したのは午後3時半、のちに〃東大落城〃と呼ばれる出来事である。

同月20日には文相と東大総長代行の東大入試に関する協議が不調に終わり、この年の東大入試は中止と決定した。

後年、エリートでいわれる人士の間で、「44年入学の一橋です」あるいは「早稲田政経、慶応経済です」というふうに自己紹介するパターンが見られたが、この年の入試中止事情をにおわせていたわけだ。

東大紛争の余波は本郷から駿河台界隈にも及んだ。東大紛争支援の反共産党系学生らが街路を占拠し機動隊と対決、神田カルチェ・ラタン闘争と呼ばれた。日大に機動隊が導入され、文理学部占拠の学生を排除、8ヶ月ぶりに全学の封鎖が解除されたのは2月18日であった。

私はプラン探しに奔走していた。様々な人を訪ねて『シリーズ人間』の素材になりそうな人や事件を探し求めるのだが、なかなか記者を動かして取材に出かけるようなネタは探し当てることはできない。その題材ならせいぜいが3ページだ、ニュース班に渡していまえとなるのである。売りこみもあったが、ネタ元を洗ってみると、読者を納得させる内容になるとは思えないケースが多かった。

1月から2月初めにかけてようやく2本が掲載された。『コント55号のギャグメーカー・27歳の青年作家の暮らし方』は、人気絶頂のコンビにギャグネタを提供している放送作家を表に引き出す内幕物だが、児玉が示してくれた「東大全学共闘会議派議長の山本善隆も同じ27歳、その違いを捉えられないか」という視点は生かせなかった。

次は俳優の引き抜きや、大作の上演など演劇界に旋風を起こしている女性プロデューサーを追って記者3人を投入し、アンカーもいつもの水野泰治でなく、若者雑誌などで活躍し始めた女性ライターを起用してみたが、結果は無惨であった。

最終稿が上がった時、この女性に「皆さん総がかりでも私に迫りきれなかったようね」と言われたし、校了に立ち会った印刷工場の出張校正室では編集長から「肝心の読みどころがない、君に評論を作れといった覚えはない」と叱責を受け、抗弁の余地はなかった。

雑誌は真反対の論理を取り入れる容器である

当時の「週刊女性自身」は明らかに時代の動きと共存しようとする、あるいは時代よりも少し先を行こうとしていた。それを最も具現化していたのが『シリーズ人間』だった。

前年秋には「全共闘を操る盲目の指導者　黒田寛一」であった。学生の間で〝クロカン〟と呼ばれ、難解な理論書がよく読まれている黒田寛一は眼を患い黒眼鏡をかけ、ほとんど人前に姿を現さないが、学生たちはこの人の指導書に基づいて過激な行動を起こす。謎に包まれた私生活に密着しようと記者たちは、自宅近くの中華料理店の出前持ちとなって機会をうかがったが、ついに会見はかなわなかった。それでもこの人物が自宅の片隅で策をめぐらすと、それに従い学生の大群が動き出し、機動隊と衝突する。クロカンはまるで謎の軍略家の扱いだが、最後に肉親が語る「あれは単なる役たたずの夢想家です」という談話で皮肉な落ちをつける工夫も見られた。

44年2月には同じシリーズに「警視庁第四機動隊隊長」が登場した。学生鎮圧の最前線にいて、鬼の四機といわれる集団のリーダーはどんな生き方をしているのか。記事は隊長の家庭まで入り込み、写真は顔のわからないショットにしてあるが家族団らんの場面まで捉えた。また彼が指揮する集団の中に記者が入り込み、機動隊の楯の内側の状況をレポートした。

この記事から1週間を隔てて、ニュースの扱いで地下に潜った東大全共闘会議・山本義隆議長の独占会見記が掲載された。元学生運動家の記者の誰かが実現させた企画だが、このような一連の流れは、「週刊女性自身」の初代編集長・黒崎勇の理念を取り入れたものである。すなわち「雑誌は世の中のありとあらゆる人と事象を取り入れる容器である。そこには相対立する真反対の要素が同時に取り扱われてこそ、はじめて雑誌全体が躍動感を持って読者の心を動かす。右、左の軸に固定したら大衆のための雑誌ではなくイデオロギー雑誌である」。

この考え方はその後の私の生き方に大きな影響を与えている。しかし当時はそんな大局観から記事を作成する心のゆとりはなく、自分の担当ページをいかに埋めるかの重圧と戦っていた。

この年4月7日の早朝、広域重要事件として指名手配中の連続ピストル射殺事件の指名手配犯、永山則夫(19)か逮捕された。永山は前年10月にプリンスホテルのガードマン射殺、京都八坂神社の警備員射殺、さらには函館、名古屋で自動車強盗を企て運転手を射殺していた。凶器は横須賀基地内の米軍人宅から盗み出した、西独製婦人用護身拳銃であった。

第一報が伝わった時、『シリーズ人間』班では総がかりの対応を決めた。ニュース班、グラビア班でも追うだろうが、ここは長尺のボリュームを生かした総力戦で行きたい。しかし新聞もテレビも永山の今日までの人生を追うだろう。もうあの手は使えないというのが集まった全員の了解事項だった。

前年に「シリーズ人間」では『ナベプロが書かなかった森進一君（19）の履歴書』で、集団就職で鹿児島から上京した森進一が歌手としてデビューするまでの暮らしを全面的に辿った。本人の記憶を基に、わずかな期間でやめた勤め先までを探し出して暮らしや勤務ぶりを再現した。永山則夫は森進一と同じ19歳で青森県から集団就職で上京している。ふたりを分けたのは何か、この追求には各社が殺到するだろう、まず彼の出発点青森県板柳町で生い立ちから検証しようと、数人の記者が特急列車に乗り込んだ。

3日後、取材陣はとんでもない行動をした。永山の母親をひそかに列車に乗せ、東京に連れて来て本郷の旅館に匿ったのである。

取材陣が取り囲む家で息をひそめている母親を、安眠できるところに行こうとふたり組の記者が深夜裏口から連れ出し、もう一方の記者たちは他社と一緒に彼女の行方を捜しているふりをしていた。

この荒っぽい取材はルール違反ではないかと、会社の顧問弁護士を通じて警察に問い合わせたが、参考人として事情聴取する時のために居所を明らかにしておけば、捜査妨害にはならないという返答であった。

旅館ではゆっくり休ませた後、水野泰治が聞き書きした。母の人生のほうがもっと悲惨だったというのが基調音だった。この段取りが整ったところで光文社では春闘の全面ストライキに入り、組合員の編集者、記者組合に加入している取材記者は持ち場を離れなければならなかった。一番大事な局面に居合わすことができないのは残念だね、と非組合員の児玉に皮肉を言われて職場を離れたが、完成した記事は9ページを費やし、トップの見出しは「今はとめどなく　母の心が血を流す」で、太く荒れた指に食い込んだビーズの指輪のアップ写真を使っていた。

この春闘は長引き、誌面が貧弱になることが心配されたが、児玉は『シリーズ人間』2編同時掲載という企てに出た。取材があらかた完了していたテーマに急きょ手を入れて充実させたもので『華道界、異端の家元。中川幸夫』と銀座裏で小料理屋を営む俳人、鈴木真砂女を同じ号に並べた。中川は幼いころの病気で背中が曲がり、子供くらいの背丈しかないが、パートナーの半田歌子とともに、伝統的な生け花の世界に殴り込みをかけるような鮮烈な作品を発表していた。鈴木真砂女は恵まれた家庭を捨て、道ならぬ愛と孤独を歌い上げる俳人で、『生涯を妻たるをえず夏のれん』の句をタイトルにした。共にマスメディア初登場であった。

私もほぼ月2本の割合で担当した記事が掲載されていたが、いまひとつ瞠目性に欠けていることを自覚していた。題材となる人物や出来事の選び方だけではない。素材を時代に合うように料理して、メリハリをつけて読者に提供する編集感覚が、児玉などに比べて欠けているのである。

癖のある取材記者を上手に使い、能力以上の取材データを提供させる。データ原稿の段階で迷っていたら、スバリ一言で局面を打開して面白くさせてしまう技能でも劣っていると思った。編集者はプランナーであると同時に、テーマを面白くするために人を動かす冷酷な支配者となる必要がある、また社内的には自分の仕事を認めされるため、ある程度の社内政治も必要だということがしだいに理解できたが、そんな境地まで到達できそうもない。早く言えば編集者失格ではないかと思い始めていた。

しかしこの会社にいるのはそう長くはないかな、と漠然と考えていたのには少しの根拠があった。この当時、2、3年前から付き合っている少し年上の友人が、近く出版と広告兼業の会社を立ち上げる。その際に協力してくれないかという話を持ちかけてきた。彼が言うには「出版では儲けが出ないから、広告制作の事業で稼ぐつもりだ。あなたにはその両面で協力してもらいたい。光文社を辞めて来てくれれば、現在の基本給は保障する」というものだった。その後再度連絡があって、来てくれることを心待ちにしていると言っていた。

私はこの話は断るつもりだったが、私は組織を離れての暮らしにはいささかあこがれを持っていた。別に小説を書くとか学問をするとかいう境地ではない。ただ、世の中の隅でひっそりと暮らせればそれでよい。自分にできるのは取材したり物を書くことだろうが、それをして生きていくくらいの仕事はあるはずだ。友人が持ってきた話はそんな自由な暮らしへのステップになるかも知れない。妻には言わなかったがそんな見取り図を時どき想定してみていたことは確かであった。

あの暑い夏の記憶

6月になってシリーズ人間班のデスクが児玉隆也から富田浩司に交代した。児玉は将来の編集長含みでもっと全体に目配りする位置についたらしい。彼よりも年上の富田は副編集長兼任だったが、すでに敷かれたレールを保持する仕事がやりにくそうだった。

私はようやくヒット作になりそうな予感がするテーマに遭遇した。日本の浮世絵研究の権威者で大学の教壇にも立っている老人が、夜ごとに流行のゴーゴークラブで踊り抜き若者のアイドルになっているという。踊りに行く時はかつらを付け、派出な衣装で自己演出しているという。

ネタを洗ってみると本当だったので、このシリーズには初めての若い取材記者に密着してもらった。当のご本人も乗り気だったが、上がってきたデータ原稿は生い立ちなどには力がはいってはいたが、肝心のディスコでの場面に精彩が乏しかった。私もカメラマンと一緒に現場に行ってみたが、余所者の侵入を警戒されたのかノリのある場面が見られなかった。なぜエキストラを動員して雰囲気を盛り上げなかったのかと後で反省した。

アンカーの水野泰治も人物像を確かめたいと本人に会ったが、時代小説家としての性根が出て、浮世絵談義で盛り上がり、少年の日の性の哀しみの描写が出てきたので、修正に手間取った。

ようやく上がった完成稿をご本人が自宅に持参すると、家族の前で音読させられて夫人からクレームが出た。申し分ない出来だが、華道の家元として社会的な地位がある私にとっては迷惑になるから、掲載を中止してもらいたい。さもなくば離婚も辞さないという。夜更けの家族会議は紛糾し、私は出張校正室の富田と何度も連絡した。結局、富田の根回しで主人公と親しい美術評論家が説得してトラブルは解決した。だが通常の最終校了の時間を過ぎていた。

翌日、富田からは原稿進行の手続きについて若干苦言が出たが、特にお咎めはなかった。だが、私は児玉が陰で、彼にはいろいろと機会を与えてみたがやっぱり編集者としての能力不足だったと、上司に進言しているのではないかと思った。そんな気持ちを払拭するように7月に入ると、週末は妻を誘って新宿駅西口広場のフォーク集会に足を向けた。

6月28日、新宿駅西口のフォーク集会（約7000人参集）で機動隊と学生らが衝突、67人逮捕。7月3日、警視庁、同集会の規制を機動隊から交通警官、婦人警官に変更と決定。

私が出向いた頃には衝突はなく平穏で和やかな空気になっていた。ギター片手にどこからともなく参集した若者たちがめいめい勝手に歌い始めのだが、やがて高石ともや、岡林信康、中川五郎、加川良など名前が知れた歌い手が登場すると、その周囲に大きな人だかりができ広いコンコースがひとつの気分で盛り上がった。『友よ』『受験生のブルース』『山谷ブルース』、諷刺的プロテストソングとして作られた『自衛隊に入ろう』などで、ザ・フォーク・クルセダーズが歌い、レコードが発売中止になった『イムジン河』もここでは歌われていた。

私はその頃、腕ならしのつもりで労働問題の専門誌に筆名でルポルタージュを書き始めていたが、若者に浸透するフォークソングの世界を取り上げるつもりだった。7月末に夏休みをとって房総の海岸で3日間を過ごし、帰ってくるとこのフォーク集会は中止させられていた。広場という公共の路上での集会は道路交通法違反になるという口実であった。同じ頃に新宿駅東口では右翼団体の街宣活動が盛んだった。こんなシーンを思い出す。

ある団体の街宣車の横に戦闘服に隊長という腕章の若者が立っていた。無精ひげにサングラスで装っているが、童顔で軍刀のつもりか杖を地面に立てていた。その周囲に護衛するポーズをとっていた憲兵という腕章の若者に、痩せた老人が抗議していた。「いま憲兵なんか存在しないのに、どうしてそう名乗るのか」。老人が立ち去った後、若者たちは私語していた。「あいつ昔、憲兵にいじめられたんだよ」と。

夏休み明けに私は編集長から人事異動の内示を受けた。販売促進部の部長が君をほしがっている、この際、販売のことを勉強しておくのも将来、編集者として大成するために役立つと思うがどうだろうか。私はその時に児玉の顔を思い浮かべ、ついに切り捨てられたと思った。サラリーマンとして生き延びる道を選ぶよりも、ささやかな自由に向けて遁走する道はいましかないと勝手に判断し、社内の誰にも相談せず辞表を出した。妻にも事後承諾だった。返事を保留していた新しい仕事について正式参加を申し出た頃は、アメリカのアポロ11号が月面着陸し、人類が初めて月の上を歩く姿がテレビに映し出された余波がまだおさまっていなかった。

この年8月は異常に暑かったような記憶がある。現状から遁走はしたが、身辺はあわただしかった。「週刊女性自身」編集部有志が送別の宴会を開いてくれ、児玉は激励のスピーチとともに森進一の歌を歌ってくれた。二次会のスナックでは、そこに呼びだ出された妻に対して彼はこんなことを言っていた。

「これからは森さんにたくさん電話がかかってくると思うが、愛想よく応対するようにね。たまには奥さんをからかってやろうかと電話が来てご主人の仕事が増えますよ」。実にそつがない人だと思った。

私は連日走り回った。仕事に参加することが決まった出版・広告会社は出版のほうがまるで収益が上がらないことは早くもわかっていたが、広告事業を受け持つ外資系出版社広告部出身の男が、背水の陣で仕事と取組み、私を迎え入れてくれた。

光文社を退社したのを知って隣の講談社が声を掛けてきた。「週刊少女フレンド」の活版ページに載せるドキュメントなどの取材・執筆だった。「週刊女性自身」の富田も生活を心配してくれ、ドキュメント物の取材を回してくれた。これだけでもサラリーマンの初任給以上の収入になった。ほかに労働問題専門誌の原稿、地方新聞向けの通信社からの依頼で新聞コラムの原稿、総合誌の特集記事の共同取材・執筆など何でも拒まずに仕事をした。

44年、年の暮れにはいくつもの忘年会を掛け持ちした。「少女フレンド」、広告会社、各社の編集者や記者とのフリーな会合などで気楽に酒を飲んだ。「先行きはわからないが、明るく仕事しているからまあいいか」という妻と六本木や渋谷にも出かけた。

「週刊少年マガジン」連載の『あしたのジョー』では矢吹丈と力石徹の少年院での対決が迫っていた。

万博の高揚感と三島由紀夫自殺の衝撃

昭和45年（1970）が明けて寒さが厳しい頃、私は藤圭子という歌手に会った。「週刊少女フレンド」の人間ドキュメントに『白いギターの少女』というタイトルで掲載するためで、売り出し中のため取材に協力的だった。デビュー曲『新宿の女』にちなんでゴールデン街で撮影してから事務所でゆっくり話を聞いた。

戦争で傷ついて体が不自由な父親と先天性弱視の母親に、少しでも楽をさせるため小学生の頃から歌っていたという典型的な演歌風出世物語を彼女はよく話した。だが聞いていると時系列的にときどき矛盾が生じる。所々で話にストップをかけ疑義をはさむと、藤圭子は独特の少しかれた声で「私そこのあたりがいつもわかんなくなっちゃうんだな」と言いケラケラと笑った。傍らにいた編集者は、私の取材が真剣で鋭いと感心してくれた。五木寛之が少し後で「実録・怨歌の誕生」を書き、その中で「放っておくとすぐに明るくなっちゃうんだな」というマネージャーの呟きを取り上げているのはさすがと思った。

しかし私は、この作られた生い立ちを持った歌手に好感を持ち、演歌の土壌をもっと極めてほしいと思った。

藤圭子はその後も時には新譜の発表会や劇場でのリサイタルによく招待してくれた。うしろの方にいると、「森さんもっと前で聞いてよ」と声をかけてきた。自分で券を買い新宿コマや浅草国際のショーにも行った。そんな関係も彼女が前川清と結婚してすぐに離婚し、長い低迷期に入る頃には終った。

藤圭子は平成25年夏に、私と会った場所に近い新宿のマンションから投身自殺した。死後に刊行された沢木耕太郎の「流星ひとつ」を読み、私が会った頃からの鬱屈を彼女は引きずり続けていたのかと思った。

3月14日、大阪・千里丘陵で日本万国博（EXPO70）が開催された。「人類の進歩と調和」がテーマで史上最大の77ヵ国が参加した。3月15日から9月13日まで183日の開催期間中に目標の5000万人を大幅に上回る6421万8770人が入場した。場内の滞在時間は平均6時間半、うち場内にいるのは2時間半であり、残り4時間余りは行列して場内に入るまでに費やされた（万国博協会調べ）。

私は開幕1ヵ月半くらい前に会場を訪れた。ある生保会社のPR誌の取材だったが、まだパビリオンが建設中で、ブルドーザーが動きまわっている会場でネタを探すのに苦労した。

その生保会社が所属する財閥系グループが出展するパビリオンの総合プロデューサーは独立プロの映画作り著名な人だったが、規模の大きさ、趣向の面白さを強調するばかりだった。アフリカをはじめ世界各地にスタッフを派遣して撮影してきた映像を、パビリオンの天井に曼荼羅のように映写するという試みを誇らしげに語った。美術上のことについて質問すると、パリから呼ばれた前衛画家が抽象的なイメージを言葉に乗せようとするのだが、伝わるところが少なかった。

この取材の一環で「万国博の若きヒーロー」と呼ばれた建築家・黒川紀章にも会った。約束の場所に颯爽と現れた黒川は、1時間半近く熱をこめて語り続けたが、メタボリズムとかカプセルとかホモ・モーペンスとかの単語が飛び交うだけで、何を言っているのか少しも理解できなかったが、その痩身の体から発するエネルギーに圧倒されるばかりだった。同じ頃に別のメディアで黒川に密着したライターが言っていた。

「俺なんか5日間も同行したけど何もわからないままに終ったよ。あの人、宇宙人じゃないかと思ったね」。

黒川紀章とはその後また会う機会があったが、いつも何もわからないままのままの幕切れであった。ようやくわかったことは、これは前衛的建築家が施主にプレゼンテーションする時の手法である。理解を求めるのではなく煙に巻いて押し切ってしまう、そのために全精力を傾注するのである。

この頃はほかにもわからないことが多かった。システムエンジニアという職業に触れようと富士通の技術者に会った時は、会話に出て来る単語が理解できず、彼が語る仕事環境もこちらの想像の域外だった。別れてから蒲田駅に歩く道がうすら寒かった。日立製作所系列のＰＲ誌の仕事もしていて、コンピューター社会の未来図という特集を書くために苦労した。日立製作所のエンジニアのもとに日参して机の隣に座ってレクチャーを受けた。書いたら原稿を見せなさいというので、持って行くと目を通して、ここまではやっと理解してくれたようだが、後はダメだと添削しながらダメ出しが続いた。この親切な人は後に日立製作所の専務になった。

私が万国博会場に2度目に足を運んだのは、閉幕が迫った夏の終わりだった。場内は大変な人出で、月の石が展示されているアメリカ館や、宇宙線の月面へのドッキング状況を見せるソ連館など、話題のパビリオンには炎天下に5時間、６時間待ちという長蛇の列ができていた。警備員の対応に腹を立て、眼鏡を外して殴りかかろうとして周囲の人たちに制止されていた中年男性の姿を、展示物よりも記憶している。展示内容に乏しいアフリカ諸国などの施設は涼だけを求めて休息する人々が床に座り込んでいた。

この年、光文社の春闘は例年になく激しい展開を見せていた。社員の労組と記者労組が共闘の形をとり、外部の非日共系団体からのオルグも入っていた。賃金闘争だけでなく経営者の責任追及、現体制打破の要素もしだいに加わってきた。

4月末のある日、光文社労組と記者労組の代表者が私と枝川公一を訪ねてきた。枝川は私とほとんど同時に退社したが、その退社理由は別々である。ただしその後は一緒につるんで酒を飲んだり、どちらかが取ってきた仕事を共同で仕上げたりしていた。組合幹部たちはまず、君らは光文社体制の犠牲者である、見殺しにして申し訳ないと詫びたが、これは見当違いである。私はただ自分の限界を知ってだらしなく自由へと遁走しただけだし、東京外語大英米科出身でアメリカ文化に造詣の深い枝川は、とにかく外国に長期滞在することを熱望し、すでに翻訳書を出版、近々に単身渡米する準備中だった。

また組合幹部たちは釘を刺すようなことを言った。もしあなた方ふたりが外部から「週刊女性自身」の編集に協力したら充実した誌面ができる。もし長期ストライキになった場合、会社側は雑誌の発行継続にあなた方の力を求めて来るだろう。だからどうか自重してほしいという頼みだが、そこにはスト破りをするなよという脅しも感じられた。

どちらにしても買いかぶられたものだが、私は労使紛争とは関係ない立場にいると思っていた。ただし彼らが気づいていたかどうかは知らないが、光文社との関係は残っていた。それよりも少し前、すでに管理職側に入っていた富田浩司が、私と枝川に共同の仕事場を持たないかと声をかけてきた。敷金、権利金、備品代など当座に必要な費用をまとめて渡してくれるという。富田にすれば勝手に飛び出した部下に対する計らいだが、もし今後労使関係が悪化して雑誌の発行が危ぶまれた時は、外部から助力してもらうという意図もあったのだろう。

本心を言えば私はこの提案に乗り気でなかった。狭小ながら白金台のアパートは深夜でもすぐに車が拾える場所にあるので、毎日事務所に出勤する必要はなかったし、枝川の心は海外に飛んでいた。しかしこの話に飛びついたのは、私たちが退社してからずっと一緒にいたフリーの記者、三橋忠之だった。三橋とは「女性自身」で知り合ったが、フリーになった私たちの身を案じたのか、よく仕事や人を紹介してくれた。三橋はこの機会を利用して仕事のできる連中が集まり、一種のタスクフォースかシンクタンクのような組織を立ち上げようとしたのか、躊躇する私や枝川を督励して新宿若葉町に1LDKのマンションを借りた。

仕事場を持っている話を聞いて一緒に利用したいという人たちが現れたが、私は集団を組みたくなかった。集まってくるのはフリーの記者だが、彼らの多くは、いかにも世間馴れして、割のよい仕事を探し歩くタイプと反体制を旗印にすぐにフリーの記者は共闘しなければならないと叫ぶようなタイプが目立ったが、私はその両方に馴染めなかった。徒党を組まずに一人で物を書いていきたいと思っていた。少しはアカデミックな空気にもふれたいと、社会心理学者の石川弘義（成城大学助教授）の研究室にも出入りを始めていた。石川は若者論やサブカルチャー論でテレビによく登場していたが、一方では日本の大衆娯楽について地味な研究も続けていた。

光文社の争議は意外にも激化した。もはや例年の春闘ではなく、待遇改善から経営者批判へと方針が拡大し、この年3月末、隣の講談社では力石徹の告別式が行われていた頃、玄関先には赤旗が林立していた。やがて経営私物化を糾弾された社長の神吉晴夫が退陣し、専務の黒崎勇と五奉行と称せられた中堅幹部も社外に去った。混乱が続き、5月には「週刊女性自身」の発行が停まった。この休刊は秋まで続き、これまで後塵を拝していた講談社の「週刊ヤングレディ」が部数を伸ばした。

やがて闘争を続行する派と事業正常化を目指す派とに労組が分裂し、第一、第二の組合ができた。ロックアウトされた第一組合員が社屋の前で争議に介入した集団と流血の惨事を起こし、逮捕者が出る騒ぎもあった。

つい先頃まで一緒に仕事をしていた仲間が対立して争っているので、私は光文社に近づきにくかった。講談社に出入りする時もできるだけ姿を隠して素通りした。この頃には会う人に、よほど苦渋の決断をして社外に去ったのだろうとか、先見の明があったとか言われたが、そんな決断はない。前述のように、だらしなく遁走しただけである。どちらの組合に属している人たちに対しても脱藩者の後ろめたさを感じていた。

11月25日、作家の三島由紀夫が楯の会（彼が結成した民間防衛組織）の会員4人とともに東京市ヶ谷の陸上自衛隊駐屯地に入り、隊員に蹶起を呼びかける演説をした後、割腹自殺を遂げた。

その日午前11時13分頃、同駐屯地内にある陸上自衛隊東部方面軍総監室に、以前から親交があった益田兼利総監を訪ねた三島はしばらく雑談していたが、楯の会会員が益田を拘束した。騒ぎを知って駆け付けた幕僚副長らに三島は、駐屯地で演説するから隊員を招集することを求めた。

バルコニーに姿を見せた三島は、「日本の経済的繁栄にうつつを抜かして、精神的にカラッポになっているんだぞ。君たちにはそれがわかるか」と隊員に問いかけ、オレについて来るやつはひとりもいないのか、と呼びかけたが、その声はヤジや怒号に消されがちだった。最後に「よーし、諸君は憲法改正のために立ち上がらないという見通しがついた」と10分ほどで演説をあきらめた三島は、総監室に戻って短刀で割腹し、楯の会学生長の森田必勝が介錯した。そのあと森田も自決した。

この日は朝から抜けるような秋晴れだった。私は前日、「週刊少女フレンド」の仕事で、肢体の不自由を乗り越えて明るく生きている少女のドキュメンタリーを書くため大阪に行っていた。夜遅く帰宅し、この日は原稿を書くため昼前に四谷の仕事場に入った。

机に向かうと間もなく知人から電話があり、いま三島由紀夫が自衛隊に乱入して演説しているという。部屋にテレビがないのでラジオをつけると、三島らしい絶叫調の音声と野次や怒号が聞こえてきた。市ケ谷駐屯地の上を飛ぶヘリコプターの音は部屋からも聞こえた。やがてラジオは三島の自決を伝えた。

それからは仕事どころではない。ラジオの情報に耳を傾け、次々とかかってくる電話に応対していた。放送では識者のコメントを集めていたが、ほとんどが驚きの声で意見らしいものはなかった。

夕刊の発売時間を待ち兼ねて四谷駅の売店に走り、全紙を買った。20分後にはスポーツ紙を除き棚が空になっていた。朝日新聞夕刊には衝撃的な写真が掲載されていた。惨劇の後の総監室を撮影したものだが、片隅の衝立の前に黒い物体が二つ並んで床に置かれている。介錯によって落とされた三島由紀夫と森田必勝の首のようであった。この写真はもっと大きなサイズでアサヒグラフにも掲載されたが、それだけで私たちの前から消えた。

日が落ちてから講談社に行くと、誰もが得体の知れない興奮に取りつかれているようだった。何とか原稿を渡して、ひとりで四谷三丁目の居酒屋に立ち寄った。飲んでいて、ふと思い出したのが近くで接した三島の印象だった。2年くらい前、三島の戯曲「現代能楽集」の上演を新宿の小劇場に観に行った時、私のすぐ近くに作者がいた。外国人のジャーナリストを連れてかなり流暢な英語で話していたが、剣道の稽古の帰りでねと言い、竹刀を手にしていた。そんな物は事務所に預けておけばよいと思ったが、彼は芝居の上演中も竹刀を手放さなかった。剣道を習いたての少年のようだったが、なぜか彼の戯曲世界とは違和感があった。

後に私は三島と同世代で、スポーツや文学にも詳しいエコノミスト神崎倫一が経済紙に書いたコラムを読んで妙に納得した。筆者は言う。「われわれの少年時代は武道が必修だったし、兵役体験を持った者も多かったので、青年時代にはもういい加減、武道や軍隊から遠ざかりたくなっていた」。これに対して三島は、少年時代は虚弱だったし軍隊経験もない。これを取り戻そうと作家として頂点を極めてから肉体をきたえ、私設の軍隊さえも持ったのではないか。

しかし当時はここまでさめた見方ができなかった。その死からしばらくの間、妻が長女の出産で里帰りしていることをいいことに、毎晩誰かと飲んで三島のことをしゃべっていた。巷には憂国の気配が漂い、数寄屋橋では右翼の赤尾敏が三島先生は幸せな家庭を捨てて、国の大義を問うた、われわれも続かなければと演説していた。

確か三島の死から1年後、父親の平岡梓が雑誌「諸君！」に連載した『伜・三島由紀夫』で痛烈な皮肉を放っていた。

倅の死後、心の友と称する人が何人も現れ、蹶起を予期していたと言われたが、そんな間柄ならなぜ警察に密告するなどしてでも、行動を止めてくれなかったのかと。実に醒めている見方だと思った。

テレビ『あしたのジョー』が始まった頃

昭和46年（1971）のプロ野球日本シリーズでは巨人が7連覇をとげた。40年から始まる川上哲治監督率いる長嶋、王が競い合う巨人軍の黄金時代は永遠に続くのではないかと思われ、漫画『巨人の星』のテーマ、天上に輝く巨人の星を目指して駆け上れ、が現実味を帯びていた。

『あしたのジョー』では、力石徹を死に追いやった自責の念からの地獄巡りから復活した矢吹丈が次々と現れる強敵に連勝していた。

私は相変わらず忙しい生活だった。「週刊サンケイ」や「週刊アサヒ芸能」といったメディアでも仕事をした。「アサヒ芸能」を刊行している徳間書店の編集者たちにはワイルドで少しアナーキーな雰囲気があった。原稿をわたすと酒に誘われ、店を変えるとまた別の集団に合流して明け方近くには大一座になっていることもあった。

徳間書店のオーナー徳間康快にとってこの時期は絶頂期で、レコード会社を傘下におさめ映画の大映を再建させ、新聞の買収にも乗り出そうとしていた。持ち馬のトクザクラは中央競馬重賞レースの話題馬だった。

同社本社ビルの地階は居酒屋だったが、支配人は編集部からの異動と聞いた。この店で中国文学者の竹内好の姿を見かけたことがある。徳間は竹内に私淑し、その門下生に「中国の思想」シリーズを刊行させたり、竹内の主宰する雑誌「中国」の創刊に協力したりしていた。

四谷のマンションの家賃その他の経費は三人で分担する約束だったが、三橋が「週刊文春」の取材記者となったので枝川と私が折半し、時には少しまとまった仕事を受注して経費に充てようとしていた。枝川はこの当時は時間ができるとアメリカに行き「サンフランシスコ旅の雑学ノート」「開けてみればアメリカン」などのルポルタージュを書き始めていたが、日本を留守している間もきちんと分担金を送ってきた。

この年の夏は全国各地で音楽イベントが盛んだった。アメリカのウッドストックでのロックイベントの実況映画が刺激になったこともあり、野外会場でのコンサートが全国各地で行われた。岐阜県の中津川フォークジャンボリーもその一つで、3回目を迎えたこの年は特に盛り上がりを見せていた。場所は中央線坂下駅からかなり山の中に入った椛《はな》の湖畔にある特設会場であった。そこはもともとキャンプ場だが、地元有志が丘の斜面を切り開いて特設会場を作った。興行資本の主催でなく地元の青年団体が全国の若いミュージシャンに呼びかける形式が評判となり、この年は1万5000人とも2万人ともいわれる観客を集めた。坂下駅周辺にはヒッピースタイルの男女がたむろして地元の人を驚かせた。

私は中津川市にあった妻の実家を根城にして、8月上旬の会期3日間のうち2日目と最終日、会場に足を運んだ。

フォーク集会といいながら、さまざまな分野からの出演者が集まった。ジャズの薗田憲一、日野皓正、フォークの本田路津子、小林啓子、かまやつひろし、端田宣彦とシューベルツ、六文銭、吉田拓郎などだが、特に注目されたのは岡林信康や三上寛など、反体制フォークのシンガーソングライターであった。特に岡林の人気は最高で、観衆の手拍子とコールに乗って登場し、『くそくらえ節』や『山谷ブルース』を歌う姿は真打の貫禄十分だった。

最終日そろそろ閉幕が近づいた頃ハプニングが起こった。タオルで覆面した、例の新左翼スタイルの10数人がステージを占拠し、首領格の男がマイクを奪って観客にアピールした。この集会はわれわれの意志を反映していないから〝断固粉砕〟して、すべての人たちの意志を反映したものに切り替えるというのである。

これに対してステージにいた歌手が猛反発したり、観客から地元のおじさんが出てきて、方言丸出しで仲裁に入ったり面白い場面もあったが、いちばんの反撃は足場の上で撮影していたテレビマンたちからだった。彼らはライトを消し、マイクをオフにしてこう叫んだ。

「お前ら、反体制的なテレビ局が参入してと言っただろう。この機材はみんなテレビ局のものだぞ。録画ができなくなったから撤収させてもらうぜ」。

この反撃に慌てた乱入者たちは、観客をステージ前に集めマイクなしの集会に切り替えたが、間もなく日が差してきて集会は締まらない幕切れになった。

このフォーク集会はこの年限りで以後開かれることがなかった。余りにも多くの人が集まり過ぎたので地元自治体が保安上、受け入れを拒否したそうだが、出演したフォーク歌手たちが有名になり、呼びかけに応じなくなったという事情もあったらしい。吉田拓郎が『結婚しようよ』『旅の宿』でメジャーデビューしたのはその翌年で、反体制フォークから四畳半、私小説フォークへと流れが変わった。

しかし地元ではその後もこの催しがレジェンドとして語り継がれ、地域ミュージシャンが続々と誕生した。２日目の夜に私を車で会場まで運んでくれた妻の妹の亭主もそのひとりで、家業の余暇に仲間とバンドを結成して練習に熱中していた。平成19年、彼らは東京で開催された全国おやじバンドコンテストでグランプリを獲得したが、その時には妻の妹もその亭主も世を去っていた。

こうして昭和46年は相変わらずの忙しさの中で暮れていった。

テレビアニメ『あしたのジョー』は、前年４月からテレビ放映されている。妻はそのテーマソングを聞くと子供を育てていた時代を思い出すという。当時住んでいた白金台のアパートには風呂がなかった。妻は乳飲み子だった長女を連れて、裏通りを歩いて3分の銭湯に通った。自分が髪を洗う間、赤ん坊を銭湯の女性に見てもらい心付けを渡すことは、親切な小児科医院探しとともに、27歳の妻にとっては知恵の出しどころであった。

ゴーストライターと連合赤軍の頃

昭和47年（1972）の年明け気分もおさまった1月24日、グァム島で元日本兵・横井庄一が発見されたというニュースが流れた。それから2日後、私はサンケイ出版の編集者のSに呼びだされた。彼は元カッパビジネスの編集者で争議後に退社してこの会社に移籍していた。Sは声をひそめるようにして言った。「今度うちの社で横井庄一の手記を緊急出版しようと思うが、手伝ってもらえないだろうか」。詳細を聞くと、「今すぐに横井に会うことはできないし、会ったところでまともに話ができないだろう。産経新聞の記者たちがグアム島に取材に行っているし、横井の出身地名古屋にも記者を派遣している。彼らから話を聞き、サイドの資料固めをして全編あなたがまとめてくれないだろうか」。締切は2週間後、この線は譲れないという。

これは大変な仕事だと私は思った。写真などでふくらませるとしても、軽装版の書籍一冊、300枚は書かねばならない。しかもほかの仕事もある。迷ったが、これも腕試しだ、やってみよう――とその場で承諾した。

実は前年には、ある官僚が選挙に出馬するので、事前宣伝用の本を書く仕事が回ってきた。ただし本人は出版を渋っているのでこちらで進めたい。著者名はその官僚と親しい詩人にするというが、周囲の証言などを集め、本人に会わずに進めてくれという。

この時は締切までやはり半月ぐらいで、最後の2日間は赤坂のホテルニュージャパンに缶詰になって書き上げた。約束の原稿料のほかに取材費も請求してくれというので、交通費だけを請求したところ、選挙参謀役の元全国紙の社会部記者に、君は正直だねと笑われた。選挙対策はつかみ金だから、何か理由をつけてもっと請求すればよかったのにという意味らしかった。

まあこの体験でクソ度胸がついていたが、ほかの仕事も並行していたので、疾風怒濤の日々が続いた。たまたま住宅地の小学校の前を通りかかった時、校長が朝礼で生徒に訓示しているのを聞いた。南の島の洞窟で戦後の30年余りを孤独に耐えた横井さんは英雄だ、皆さんはその勇気を見習いなさい、と。

その英雄の話を会わずに書くのだから、これは大変だと思った。とにかく記者の話と南方での戦闘記録、当時の陸軍参謀の話などを参考に原稿を進めた。最後の3日間は駿河台の山の上ホテルに部屋をとってくれた。ここに缶詰にされれば物書きとして一流の証拠などと言われるが、奴隷のような時間の過ごし方で、ともかく全編をひとりで書き終え、「陸軍伍長・横井庄一」という本が出版された。私の名前は本のどこにもないし、この仕事をしたことはごく近い数人しか知らなかった。

本が出版された直後、産経新聞社の玄関で元光文社社長の神吉晴夫と出会った。神吉は私に向い「お手柄だったね。君の才腕で他社に先駆けることができたよ。ありがとう」と礼を言われた。彼はサンケイ出版の顧問をしていた。

このような仕事をゴーストライターという。私はそれから十数年の間に様々な人たちのゴーストライターをつとめた。企業経営者、学校経営者、宗教家、開業医、大学教授、テレビ司会者、プロ野球の元監督で現野球評論家、評論家などである。これらの仕事ではあとがきに協力者として私の名前を入れることもあったが、多くはどこにも名前が残らない〝ゴースト〟であった。積極的に仕事に参加したわけでなく、多くは仕事で知り合った編集者からの紹介で、何度もインタビューを重ねてから書く場合もあったし、顔合わせの後、本人がこれまでに書いた著作や講演の録音などを渡されて、これでどうかよろしくとなる場合もあった。ある大衆演劇の座長からは、しばらくの間巡業に同行しないかという誘いがあった。昼間ゆっくり話を聞き、夜は舞台を観るという提案で、私は乗り気だったが、両方のスケジュールの関係で実現しなかった。

それにしても出版界は、ゴーストライティングによって成り立っているのではないかと思った。毎月決まった点数の本を刊行する新書シリーズなどにはお抱えのゴーストライターがいたし、一人の著者がゴーストライターを抱えている場合もあった。出版社が新しい著者にタイムリーな企画を相談する時には、自分で書くか、最初からゴーストライターを付けるかを相談することが多かった。この仕事を引き受ける時に印税契約にすれば、本が売れれば高収入が保証されるので、誰それの本で家が建ったという類いの話も耳に入ってきた。

だが私はこの仕事に依存したくなかった。ある中小出版社の社長が「ゴーストの仕事をしませんか」などと言うのを聞いていると、自分が本当に実体のない幽霊になってしまうような気がしたし、生活の支えにしたらせっかくフリーになった意味がなくなると思ったからだ。どんな内容の本でも一冊分を書きあげるには多大な時間と労力を要する。これを続けていれば外に出て未知の対象を取材する意欲が薄れるに違いない。時に引き受けるゴーストは、自分に対するボーナスだと思い、原稿料が入った時には劇場の良い席で芝居を観たり、夏休みに家族と国内のリゾートホテルに連泊する程度の贅沢をした。

竹中労が「週刊女性自身」の芸能記者時代に有名人百数十人の手記を〝代作〟したと豪語し、ゴーストライターとは本体となる人物の生き方や志を世の中に伝える行為であると言ったのに私は賛同し、ベストセラーになった本の著者を、あの本の内容はすべて自分の頭の中から生み出されたものだ、と告発したライターを軽蔑した。だから私はあの本の代筆者は自分なのだという類いの話をほとんど誰にも話さなかった。

さて私が横井庄一から手が離れた頃、浅間山荘では10日間にわたる銃撃戦が展開されていた。

2月19日、武装した連合赤軍5人が、群馬県軽井沢町にある河合楽器保養所浅間山荘を占拠した。その後連合赤軍と山荘を包囲する千数百名の警官隊は、銃とガス弾による散発的な撃ち合いを交えながらも、ほぼ対峙状態を続けていた。しかし10日目の28日朝、警察機動隊は突入作戦を強行した。ガス弾を撃ち込み、クレーンに吊した2トンの鉄塊で壁を破壊し、そこから大量に放水。ついに午後6時過ぎ、人質となっていた管理人の妻・牟田泰子を救出、全員が逮捕された。この8時間におよぶ攻防戦で、警察側は死者2名、重軽傷者12名を出した。

連合赤軍とは、共産主義者同盟赤軍派中央軍と、日本共産党革命左派神奈川県常任委員会（京浜安保共闘）が合同して発足した組織。都市での過激な行動を続けてきた両派は、警察の徹底した弾圧で都市ゲリラ行動が禁じられると山岳部に逃げ込み、アジト作りに奔走した。厳冬の山中をさまよううちに逮捕者が出て組織は分裂状態にあり、そのうちの5人が浅間山荘を占拠したのである。

さらに銃撃戦以後、連合赤軍が山岳ベースで行っていたリンチ殺人の全容が、警察当局から明らかにされた。森恒夫、永田洋子らの指導部は「銃をになう主体―戦士の共産主義的改造が急務」（森恒夫「自己批判書」）だとして、一人ひとりに「総括」という名の激しい批判を浴びせた。しかし閉じ込められた山中での「共産主義化」がしだいに男女問題や金銭問題に矮小化され、「総括」も暴力を伴う残虐なものにエスカレートした。その結果、46年11月から47年2月にかけて約半数に当たる12名（男8名、女4名）が次々と殺害された。また、46年8月には千葉県印旛沼で京浜安保共闘が、男女1名ずつを殺害したことが判明した。いずれも20代であった。

この一連の事件は芝居で言えば第一幕と第二幕にはっきりと分かれていた。最初の幕は連合赤軍兵士と警官隊の壮絶な銃撃戦である。連日テレビ中継され、いつまで抵抗が続くかという興味が高まり、籠城している側に感情移入する動きさえあった。できれば最後に人質を解放して、彼らが自爆するのが望ましいと破滅の美学を描く人もいた。また長い監禁状態にある人質が、もしかすると兵士たちと心を通わせるストックホルム症候群が起こっているのではないかと想像する者もいた。

これに対して後の幕は余りにも残酷で陰惨であった。これによって連合赤軍兵士への同情も革命幻想も一掃された。一体ずつ遺体を掘り起こす作業を見せたのは、革命とか抵抗とか連帯とかいう概念に冷水を浴びせ、大衆の共感を根こそぎ失わせるために、警察側が仕組んだ作戦ではなかったのかと指摘する人もいた。革新を名乗る人々もこの事件についてはコメントを残すことが出来ず、大衆的なメディアでは拷問やリンチの場面が地獄絵風に描かれた。この事件をジェンダー論やサブカルチャー論から解明しようとした大塚英志の『『彼女たち』の連合赤軍』が出版されたのは平成8年であった。

平成20年頃にはこの事件を題材にした劇映画が公開された。「突入せよ！　あさま山荘」はまさにここでいう第一幕で、完全に警察側の視点でとらえられ、警備の総指揮官を主役とした。「実録・連合赤軍　あさま山荘への道程」は、俳優を使ったドキュメンタリータッチで山岳ベースでの惨劇を扱った。

公開後間もなく私は、ある会合で隣り合った国際関係論の専門家、神谷不二慶應義塾大学名誉教授と雑談の折に「突入せよ！」の内容を説明した。

警察庁から乗り込んだ警備のリーダーが次々と妙手を編み出し、長野県警を叱咤激励する場面を伝えると、神谷は言った。「それじゃ佐々（淳行）君がまるで鞍馬天狗ですなあ」。「実録・連合赤軍」は新宿の地下の映画館で観た。私のうしろにかなり年配の小柄な女性がいたが、映画が始まるとすぐに席を立ち、ドアの外に出て行った。間もなく帰ってきたが、映画に集中せずまた出て行ってしまう。そんな動作を二、三回繰り返してその女性はいなくなった。後で私は気が付いた。彼女は連合赤軍兵士の近親者ではなかったのかと。どうしても耐えられなくて観続けられなかったのか。後を追って声をかけてみればよかったと思った。

虚人たちの世

昭和47年春、私は港区白金台から川崎市登戸に転居した。後に娘は「そのまま住み続けていればあたしはシロガネーゼになれたのに」と言ったが、手狭になり、歩き始めた子に外階段が心配で、家探しを始めざるを得なかった。ようやく探し当てた住まいは世田谷・町田線に面したマンション6階で、周辺にはまだ梨畑が残っていた。夜になると遠くに京王相模原線の灯りが遠望できた。

新宿に出るために利用する小田急は朝夕激しいラッシュだった。下り最終列車は経堂止まりで、相乗りの白タクが改札口のところで客を引いていた。この混雑を解消するためには線増、複々線化が不可欠と小田急が輸送力増強キャンペーンに力を入れ始めたのはこの頃だった。

これは偶然だが、編集制作会社を通じて小田急電鉄の広報誌に関わることになり、鉄道関係者に会ったり施設を見学に歩いたりするようになり、これが後に交通、都市問題にアプローチするきっかけとなった。

その頃、都市文化、サブカルチャーに関心を持つ人々の間で「血と薔薇」という雑誌が話題になっていた。と言ってもこの雑誌は昭和43年11月号の第1号から同44年6月の第4

号までしか存在しなかった。カラーページの多い豪華な作りで定価1000円、週刊誌が40円の当時としては破格の値段だが、後々まで古書店でそれ以上の価格で売られていた。第1号の巻頭グラビアは「男の死」で三島由紀夫が鍛え抜いた肉体を篠山紀信の前にさらした1年後の死を予告したような作品で、稲垣足穂、塚本邦雄、種村季弘、加藤郁乎らの作品が並んだ。またエロチック美術に力を入れ、第1号では横尾忠則、池田満寿夫、金子国義らが「オナニー器械」のテーマで競作した。

「血と薔薇」は渋沢龍彦責任編集、天声出版発行となっていたが、オーナーは〝呼び屋〟として名をはせた神彰であった。神はソ連の芸術家やボリショイサーカスなどの招聘で時代の風雲児ともてはやされたが、その後は西部大サーカスなどの興行に失敗し、自分の会社アートフレンド・アソシエーションをアートライフに組織変更し文化事業に乗り出そうとしている頃だった。しかし主な編集スタッフが別会社に移ったりしたため、この雑誌は4号で姿を消す。その最終号に小説「家畜人ヤプー」が掲載された。

天下の奇書として歴史に残るこの小説をプロデュースしたのは神彰の下にいた康芳夫という青年で、康は大阪で発行されマニアの間でひそかに注目されていた性文化誌「奇譚クラブ」にこの小説が連載され、三島由紀夫らに推奨されているところから「血と薔薇」に掲載を企て同誌がなくなると、天声出版を引き継いだ都市出版で単行本化された。

康はこの本の話題性を高めるため様々な仕掛けをした。例えば銀座の高級クラブを借り切ってSMショー（当時まだこの言葉はなかった）がらみのパーティを催したり、新宿御苑前のビルに「家畜人ヤプーの館」をオープンさせ、アルバイトの劇団員にエログロ・残酷のショーを演じさせて話題を呼んだ。

最初豪華本で刊行されたこの小説が角川文庫に入ったのは昭和47年だったが、じっくり読んでみて、まさに天下の奇書、奇想天外でスケールの大きなフィクションだと思った。

物語を簡単には紹介できない。１９６X年、西独の山中で遊んでいた日本人青年と白人女性が空飛ぶ円盤に遭遇したのがきっかけで、遥か未来の世紀のイース国にタイムスリップさせられる。そこは完全に白人女性が支配する国で、黄色人種は黒人（黒奴）より下位に置かれ家畜扱いされる。それだけでなく育種学的改良や特殊な人体改造により生体家具化される。その目的はすべて白人女性に奉仕するためである。

白人女性の排泄行為や自慰行為にまで奉仕するため、ヤプーの肉体がどのように変化させられるかが生理学、医学、生化学などの専門知識を総動員して綿密に語られるし、なぜ女性王国が誕生したかの歴史説明は人類の古代史から現代史までを踏まえ、神話的世界から未来論的世界までが包含される。

スケールの大きさ、学問的な奥深さ、仕掛けの面白さ、トリッキーな構想などにおいて「家畜人ヤプー」は小説を超越している。ＳＭショーなどの仕掛けで話題作りを図るレベルではない。

康によれば出版直後、右翼からの攻撃を受けたという。天皇をはじめ日本民族を馬鹿にしている、即時出版を中止せよとの抗議であった。右翼のほうがずっと読みが深かったのである。

ところで「家畜人ヤプー」の著者は沼正三であったが、その正体は不明だった。角川文庫版のあとがきで、この人は次のように告白している。

「終戦の時、私は学徒兵として外地にいた。捕虜生活中、ある運命から白人女性に対して被虐的な性感を抱くことを強制されるような境遇に置かれ、性的異常者として復員して来た。以来20余年間の異端者の悩みは、同じ性向を有する者にしかわかるまい。」

この告白を読んで私が連想したのはそれより数年前にベストセラーになった歴史学者、会田雄次の「アーロン収容所」の一節であった。英国軍の捕虜となった会田は収容所でイギリス軍の婦人士官が日本人捕虜の前で全裸の姿を平気で見せるのに接し、白人の黄色人種差別の表れではないかと感じるのである。

いずれにしても沼正三は大変な学識と語学の才能を持っており、性的な妄想から宇宙へ、人類史へと発想を展開する知の巨人であると読者は思う。しかし彼は正体を明かさなかった。

昭和50年代に入って沼正三の代理人と称する人物が正体を割った。本名K・Tで司法界で現役の裁判官である。本人は否定も肯定もしなかったが、この人の本名で発表したエッセイ集からは何となく沼正三の気配も漂った。しかしそんなことはどうでもよい。戦後四半世紀、この当時でなければ「家畜人ヤプー」は現れなかったと思う。

ところで康芳夫だが、何か文化界で動きがあると、この人が動いている様子が伝わってきた。肩までの長髪をなびかせ、深紅のチャイナドレスを着たこの人の姿は異様でよく目立った。近づいて声を掛けようとしたが見送ったのは、この人のスタイルが余り目立ち過ぎ、何か危険なことで起しそうな雰囲気を持っていたからである。まさに虚人。康は平成5年に自伝「虚人魁人・康芳夫」を著わしたが、その中でよくもまあこんなことを考えついて実施しようとしたのかと思うような事例が続出する。その一例が世界ヘビー級ボクサー・モハメッドアリを日本で試合させようとした一件である。

ローマ五輪ボクシングのライトヘビー級で金メダリストとなったカシアス・クレイはプロに転向、世界ヘビー級王座についたが、イスラム教に改宗しモハメド・アリを名乗る。強豪を次々と倒して大口を叩くアリを、日本に呼んで試合させたいと決意した康はまず自分がイスラム教徒となり、ハーバート康として華僑の大物を通じてニューヨークのアリに接近を図る。ようやく仮契約に漕ぎつけたものの日本での試合についての詳細は何も決定していなかった。

康は当時メディアの支配者だった正力松太郎を朝駆け、直談判して読売新聞と日本テレビの支援の約束を取り付ける。だかその矢先、アリがベトナム戦争に反対し徴兵忌避したため有罪判決を受けタイトルを剥奪され、この企ては水泡に帰した。再びライセンスを取り戻したアリを康は追い続け、ついに足掛け8年に及ぶ企ては昭和47年4月1日、東京・日本武道館でのアリ対マック・フォスター戦となって実現した。3万円という当時ボクシングでは最高金額の席も完売であったが、試合は盛り上がりに欠け、アリの判定勝ちに終わった。

それからしばらく後に、モハメド・アリと世界初の異種格闘技の試合をしたいと康に申し入れてきたのがプロレスのアントニオ猪木だった。

康はその実現に奔走し、昭和51年6月26日、東京での「世紀の一戦」は実現した。しかし試合は、マット上に寝転び足技だけを繰り出す猪木と、パンチを繰り出すことができないアリ、という奇妙な対照で、しらけた結果に終わった。テレビ観戦していて落胆した記憶がある。

平成28年6月3日、モハメド・アリ74歳で死去。猪木との一戦は追悼記事の中で回顧されたが、康の存在について言及したメディアはなかった。また再放送された試合実況はリング上での両者の音声をよく拾っているため、何とか猪木を起き上がらせてパンチを炸裂させようとするアリと、寝技に引き込もうとする猪木の駆け引きが伝わり、意外にも真剣勝負であることがわかった。

さて康芳夫の自伝は、ほかにも多数のイベントや社会的出来事の舞台裏が詳しく記述されているが、どこまでが真実か判定できないところが多々見られるのは、虚人たるゆえんなのか。

また、同時代の人間で虚人という表現が最もふさわしいのは寺山修司であった。彼の生涯を追ったノンフィクション作家の田澤拓也は「虚人　寺山修司」の中でこう書いている。「寺山修司はいま若い人に愛されているという。それは無理はない。彼はバーチャル・リアリティー（仮想現実）の人である。現実の表皮をいくらむいても、その正体は模倣と虚無のなかにまぎれ、すりぬけていく。」

その寺山修司率いる劇団「天井桟敷」の活動が盛んになっていた昭和46年夏、15歳の少女が入団試験を受けた。入団を許された彼女高橋咲は高校を中退し劇団活動に参加する。蘭妖子、新高恵子、下馬三五七、シーザー、森崎偏陸、陳ひとみ、など個性的な劇団員がいる。稽古の後、全員が「東京巡礼歌」を合唱する。「今生お暇申すなり─父上許して給いてよ、母上許して給いてよ、我は不幸の子なりけり、我は不幸の子なりけり─」の歌詞は寺山が提唱する「家出のすすめ」の具現化のようだ。

彼女が出演した「邪宗門」は東京都内から始まり全国を巡演し、翌年にはヨーロッパ各地を巡演する。そうして3年目を迎えた時には高橋咲は完全に寺山に心酔している自分を自覚する。

「まるで寺山さんは魔術師だ。『邪宗門』じゃないけれど、『天井桟敷』を操る黒子は寺山さん以外の誰でもない。みっちゃんは劇団を辞めていく人は必ず寺山さんの悪口を言うというけど、わたしこの頃わかる気がする。黒子の糸が切れた元劇団員は、寺山さんの才能で自分が役者やスタッフを演じていたことに気がつくからだろう。劇団を辞め、才能のない自分と向かい合うことの辛さ、まんまと寺山さんに乗せられた口惜しさを、寺山さんに対する罵詈雑言でごまかそうとしているのだ。」

この文章は3年間で劇団を去った後で大学に進み、演劇とはまったく違う生活をしていた高橋咲が平成10年に出版した「15歳　天井桟敷物語」から引用した。寺山修司については数多くの評伝や研究書があるが、劇団の内側からその素顔を伝えた記録として実に貴重だと思う。そしてこの本からはさらに興味深い時代と人間のドキュメントが発見できる。

天井桟敷の劇団員はすべて無報酬だった。それどころか劇団費を納入し割り当てられた公演チケットを売りさばかなければならなかった。そのため皆、アルバイトで生活していた。まだコンビニはなく外食チェーンも発達していなかったので、男性は現場作業、女性は飲食店などの接客業で生計を立てていた。

高橋咲も渋谷のバーで働いていたが、そこに客として現れたのが現役のやくざだった安部譲二。後年、自分の刑務所体験を「塀の中の懲りない面々」で小説化し、エッセイスト、テレビなどのコメンテーターとして大活躍する人である。

安部はこの少女を見染め天井桟敷の稽古場によく現れる。彼女一人を連れ出すため劇団員全員に食事を振る舞ったりする。アムステルダム公演にも追っかけとして現われて差し入れする。そんな安部が寺山を見て言う表現が何ともおかしい。

「寺山はとんでもねえやつだな。若い子たちを集めて稼がしている。あれは女衒《ぜげん》以上の腕だな」。

これも寺山のカリスマ性、虚人性を見事に言い表している。


昭和43年4月16日には日本初のノーベル文学賞作家、川端康成が仕事場のマンションでガス自殺した。三島由紀夫の場合とは違うショックだった。全編が官能的描写から成る「眠れる美女」を思い出し、作家の老境を想像しようとしたが、まだこちらの年齢が若かった。数年後、文芸評論家の臼井吉見が小説「事故のてんまつ」で謎解きを試みた。

沖縄が日本に返還され（5月15日）、日本人ゲリラがイスラエル国際空港で銃を乱射、多数の人を殺害（5月30日）、そして7月5日に田中角栄内閣が誕生、その田中首相が中国を訪問、日中国交声明に調印、外交関係を樹立したのは9月29日であった。〝今太閤〟田中角栄ブームは頂点に達した。

それに伴い「日本列島改造論」という本がベストセラーになった。著者名は田中角栄であるが、通産官僚がシナリオを作り、現役の新聞記者チームが執筆した、首相の政策を絵解きしてみせるテキストであった。

40年後、私はこの本を卒論のテーマにしたという地方企業の経営者に会った。私の本棚にも政治家が書いた類書とは違う価値を認めてまだ保存してある。こうした時代の高揚感は少なくとも次の年の半ばごろまで続いた。

「あしたのジョー」の終焉に続く時代の虚無感

昭和48年（1973）年明けの「週刊少年マガジン」の『あしたのジョー』では矢吹丈が野生児ハリマオをKOで破り東洋タイトルを防衛する場面から始まった。翌週は世界チャンピオンのホセ・メンドーサが来日、対決の機運が盛り上がってきた。読者はそろそろこの漫画の結末を予測し始めたが、ハッピーエンドになり得ないことだけは頭のどこかで予想していた。

世界タイトルマッチが始まった頃、私は広告会社の仕事で大手自動車販売会社のグループ内コミュニケーション誌の取材で歩いていた。全国の傘下ディーラーを回り、その現況を捉えた記事を作成するという仕事だった。マイカー時代の進展とそれを促進する側にアプローチするのはなかなか面白い仕事だった。

ディーラー本社の戦略部門では、昔のようにノルマに縛られる営業はない、もっと近代的、合理的なセールスを行っていると説明していたが、販売の現場では体育会的な根性論が横行していた。

あるディーラーの販売員の集まりを取材していると、全身根性の塊のような社員が山崎豊子の「華麗なる一族」を手にして叫んでいた。「銀行員だってこれくらいやっている。われわれがやらないでどうするか」。彼が指摘したのは、銀行員が預金獲得のため、農家の田植えを手伝う場面で、作者は批判的に扱っているのに、この社員は発奮材料のテキストとしている。高度成長を支えるモーレツ主義の深層を見たような気がした。

ジョーが白く燃え尽きてしまう最終回が掲載された「週刊少年マガジン」(5月13日号)は、このような取材で移動中に読んだのではなかったか。

「華麗なる一族」に続く山崎豊子の「不毛地帯」のモデルと会ったのもこの頃だった。瀬島龍三、大本営参謀から戦犯になりシベリアに長い間抑留され、帰国後商社マンとして手腕を振った人物である。ある月刊総合誌の人物論で取り上げるためのインタビューであったが、伊藤忠商事の役員応接室で会った初回は、次々と取り次がれる電話に中断され、瀬島の方から別の日の昼食どきに時間変更を申し出た。再度会った日は用意された鰻重を食べながら瀬島は闊達に話した。取材の目的は充分に果たし、30枚程度の原稿が苦労することなく完成した。

しかし少し時間を置いてみると、私は本当に瀬島龍三の実像を捉えたのか、彼があらかじめ描いたシナリオの上を辿っただけではないかと思った。例えば長いシベリア抑留中の生活について質問しても、強制労働で壁塗りをしていた、「軍隊では佐官だったが、ここでは左官でした」というジョークにまぎらわせ、脚立が倒れて危うく死ぬところだったと語る程度だった。伊藤忠商事入社のいきさつが、防衛庁への次期戦闘機売り込み商戦などと何か関連があるのかを聞こうとしても「なぜそんな話が来たか自分でもわからない。何しろ商社について何の知識もなく、赤坂の街かどで目立っていた伊藤忠自動車の広告を見て、そこに商社の本拠があると思っていた程度だ」と、答えた。余りにも堂々としてるので、それ以上問いただす隙がなかった。

それ以後、何人ものジャーナリストの瀬島論に目を通したが、ほとんどが私が会った時と同じ内容であった。説明の言い回しや、適度に挟むジョークまでが私の会った時と同じであった。瀬島が大本営参謀時代に重要作戦の電報を握り潰した疑惑や、長期にわたるシベリア抑留中には強制労働などせずに、ソ連に保護され特別な任務についていたのではないかなどの疑惑が浮上し、取材する側は何とか核心に迫ろうと試みるのだが、瀬島はそれを巧みにはぐらかしているのがわかった。ついにこの人は生前の謎をすべて墓場まで持って行ったのである。

財界の政治部長と呼ばれた藤井丙午にも同じ雑誌の連載記事のインタビューで会った。当時は総会屋資本の総合誌がいくつも発行されており、「現代の眼」や「流動」の誌面はむしろ新左翼的だと言われた。私が執筆している雑誌はそれほどではなかったが、それでも連載については営業上の掣肘を受けることがなかった。

藤井丙午に会ったのは、彼が新日鉄トップリーダーを富士製鉄出身の永野重雄と争って敗れた直後であった。藤井は朝日新聞から八幡製鉄に移った経歴がよく知られていた。その時、彼はよどみなく話してくれたが、何となく疲れの色が見えた。体力が低下して造血剤を服用しているとかで、「鉄屋が鉄分が不足しているのじゃサマになりませんな」と洒落を言った。これから政治の世界に転身して日本の教育問題を考えると決意を述べたが、財界人の使命を終えたことを認めているようだった。

そんな話を聞きながら、目の前で足を組んだ彼の足元にふと目が留まった。上質な生地のスーツを着こなし、これもブランド物らしい革靴を履いているのだが、その間に見える靴下の足の甲に当たる部分に小さなほつれが見えたのだ。気にならない程度の瑕疵ではあるが、何か彼の心のほつれを物語るようで、私はそのほつれが気になった。

後日、ある財界記者にその話をすると、言われた。ぜひ書くべきだったな。新聞記事では書けないが雑誌記事で署名入りならば、靴下の印象からダンディな実力者の陰りを類推することも可能だ。その描写から入るべきだったな、と。藤井丙午はその直後、政界に転身したが特に目立った業績なく世を去った。

そんな風にして自分では物書きに仲間入りしたつもりになりかけていた私に、手痛いショックを与えたのが児玉隆也の登場だった。

光文社争議の渦中で児玉は第二組合に所属し、「週刊女性自身」の復刊に重要な役割を果たしたが、かつてのスタッフが闘争を続けている第一組合員との板挟みになって苦悩しているとの噂を聞いていた。やがて退社してフリーになった。どんな形で仕事をしていくかが気になっており、無署名の原稿でも彼らしい筆致を感じて確かめてみると、やはりそうだったことが何回かあった。

児玉の著書「朝市のある町の旅」を手にした時はショックだった。一編ごとに語りのスタイルを変え、取材が行き届いている。人物の会話はその表情や声音が伝わってくるようだし、町の佇まいの描写などに心に伝わる表現がある。実は私は彼の著書よりも先に同じシリーズで一冊出していたのだが、その本が急に読むに耐えないものに思えてきて、書棚の隅に押し込んだ。さらに追い打ちをかけるように「文藝春秋」に彼の長編ノンフィクション『若き哲学徒の死と二つの美談』が掲載された。戦前の教科書に取り上げられた美談の検証、新事実の発掘であるが、これが彼単独の粘り強い取材と徹底的検証の成果であることは最初の書き出しでわかった。しばらくは全編を読み通す勇気がなかった。

児玉隆也はまたしても私の前に立ちはだかった。正直言って、彼の編集者、管理者の才能に屈服して、何でもいいからフリーのライターの世界へと遁走したのに、どこまで彼の影が及んでくるのか、そう思うのが苦痛だった。さらに追い打ちをかけるような出来事があった。ある日、その頃ノンフィクション「従軍慰安婦」と取り組んでいた旧知の千田夏光と会った時に、千田は心配顔で聞いてきた。「児玉君はあなたに何か悪感情を抱いているのかね」。話はこういうことだった。ある週刊誌がドキュメント小説シリーズを企画した。取材チームを編成して、ライターと共同作業で進める方式で、そのライターに千田や児玉が加わることになり、他にも書き手をという話が出たおりに千田は私を推薦した。取材チームも賛成したが、後で児玉が編集者に、森は不適任と進言したのだという。

またまた編集者面をして人の足を引っ張るのかとひそかに腹を立てたが、しばらくして考えると、自分の筆力、ストーリーの構成力ではとても他の個性的な筆者に対抗できなかったと、児玉の冷徹な感覚を認めざるをえなかった。それから1年半、児玉隆也の仕事ぶり、生き方は余りにも劇的であった。

49年「文藝春秋」11月号の特集『田中角栄研究』で立花隆が田中金脈の構造を徹底的に解明したレポートと児玉の『寂しき越山会の女王』が同時掲載された。この二本の記事によって田中内閣批判は頂点に達し、ついに田中首相が退陣するという結果になった。

越山会の女王とは角栄の金庫番とも言われた側近の女性、佐藤昭のことで、児玉は編集者時代に『シリーズ人間』で取り上げるべく総力取材を試みた。しかし取材がほとんど終って、発表前に作家や政治評論家などの仲介で角栄側が記事差し止めに動いた。後に書かれた塩田潮著「田中角栄失脚」によれば、赤坂の料亭で取材陣との会合に現われた角栄は談笑していたが、去り際の一言、差し違える覚悟はあるのか、には異様な迫力があったという。この日の目を見なかった記事から2年後、児玉は取材陣を再結集して『越山会の女王』を書き上げた。その直後自らがん宣言して手記『ガン病棟の九十九日』を発表。50年5月に世を去った。

葬儀では、五木寛之夫妻や児玉が広く世にしらしめた異端の前衛華道家、中川幸夫夫妻らと、長い焼香の列に並びながら私は心の中で呟いていた。「あんさん、人をとことん自信喪失させといて、なんで自分だけかっこよく生き抜いたのや。せめて同じ土俵でも少し違う技で勝負して、おとしまえつけるまで待ってくれへんだったのか」。児玉の著書を冷静な気持ちで読み、やっぱり上手だ、これは一種の芸になっていると嘆声を漏らせるようになったのはそれから10数年後である。

昭和48年に戻ろう。『あしたのジョー』連載が終わった頃から日本列島の風向きが変わった。これからも右肩上がりに景気がよくなり、日本は国際的に発展するという見通しが危うくなってきた。8月に東京飯田橋のホテル・グランドパレスから韓国で次期大統領選の有力候補とされる野党政治家金大中が白昼誘拐され、6日後にソウルの自宅に現れるという怪事件が起こった。そし石油危機が日本を襲う。

10月6日、エジプト・シリア両軍は、スエズ運河東岸とシリアのゴラン高原を占領していたイスラエル軍に奇襲攻撃を加え、第四次中東戦争が始まった。イスラエル軍が反攻に転じた後の10月17日、ＯＡＰＥＣ（アラブ石油輸出国機構）加盟10ヵ国はクウェートで石油担当相会議を開催し、第三次中東戦争（１９６７年）にイスラエルによって占領されたアラブ領土が返還され、パレスチナ人民の権利が回復されるまで、同年９月の生産量を基準に毎月、石油生産量を前月の５％ずつ削減することを決めた。対イスラエル戦争を有利に展開するために石油の生産削減と供給制限をする石油戦略であった。

この前日、ＯＰＥＣ（石油輸出国機構）加盟のペルシア湾岸６ヵ国もまた、テヘランの石油担当相会議で、石油公示価格の70％引上げを決定した。

これら産油国の「石油戦略」は先進国に深刻な影響をもたらした。特に石油消費量の99・7％を輸入に依存し、エネルギー源の石油依存度が73％に達している日本は石油ショックに見舞われた。前年秋からのインフレに一層拍車がかかり日本経済は未曽有の危機に直面した。

11月25日、田中内閣の改造で蔵相に起用された福田赳夫は、列島改造よりもインフレ克服が優先課題だとして、それまでの経済政策の是正を表明した。

翌年１月12日の記者会見で福田蔵相が物価急騰を「思惑買い、投機などでまさに狂乱状態だ」と言ったところから「狂乱物価」が流行語となり、石油危機でさらに売り惜しみや便乗値上げが激しくなり、卸売物価は29年ぶりに冒頭、高度経済成長からパニックへと暗転した。メディアではすでに48年秋からその前兆を捉え、高度成長を前提にした未来論にかわり滅亡論、破滅論、衰亡論を基調とした出版物が目立ち始めた。

五島勉著「ノストラダムスの大予言」が刊行されたのは48年11月末だった。人類の滅亡を具体的な年月を示して予言した書物があると紹介し、その前兆と終末の様子を具体的に描写していたが、当時日本に広がっていた底知れぬ不安に同調するかのようにたちまち版を重ね、約200万部のベストセラーになった。

著者の五島勉とは短い時間だが一緒に仕事をした。彼は「週刊女性自身」の創刊当時は花形のライターだったが、やがて草柳大蔵や竹中労の活躍に押されてややくすぶった印象だった。私は古本から彼が昭和30年代には、占領下の基地周辺での日本女性のセックスをテーマにした「日本の貞操」や、都心に集中している占領軍のための娯楽施設、国際的な遊び場などを地図上に詳細に落とし込んで説明した「東京租界」などの著者であることを知った。会ったおりにその話をすると、彼は力なく微笑み「あの頃は左翼だったから」と言うだけだった。仕事ぶりは手馴れていたが、どこかに脱力感がうかがえた。そんな五島と「ノストラダムスの大予言」は結びつきにくかったが、彼がどこからか後にいうトンデモ本のタネ本を探してきて巧みに加工したところ、時代の空気とシンクロしたのだと思った。

「ノストラダムスの大予言」はシリーズ化され、続編、続々篇、日本の現状に当てはめた未来予測編などが続き、それぞれが50万冊余り売れた。しかし著者の五島がメディアに登場することはなかった。私の知る限り「文藝春秋」の短いインタビューに一度応じただけではないか。確かにテレビのワイドショーなどに顔をさらしてオカルト研究家扱いされることを考えれば賢い身の隠し方だが、この人は生活の安定と引き換えにライターとしての蓄積をすべて抹消したのかとも思えた。

ちなみにこの年をもって巨人軍の日本シリーズ9連覇が終った。近年は今年こそセ・リーグでは阪神タイガースが優勝して日本シリーズ進出を阻止する、あるいはパ・リーグの南海ホークスや阪急ブレーブスがシリーズの覇者となると予想されながらも、蓋を開ければ巨人であった。むしろ相手チームがどこか萎縮してしまうのである。しかし、この年、ペナントを受ける巨人軍を見て、来年はまた10連覇をという期待は誰からも失せていた。

この年の晩秋、私たちは四谷の仕事場を引き払った。しだいに利用する度数が少なくなり、溜り場としての機能も失われたからだ。枝川公一は海外で過ごす時間がますます多くなったが、日本に帰ると時どきは東京の下町で一緒に酒を飲んだ。ニューヨークやシンガポールのことよりも、自分が育った東向島や銀座の裏通りのことをよく話した。彼が都市論やエッセイで存在感を示し始めるのはそれから4、5年後である。

48年12月のある日、仕事先の広告会社に顔を出すと、居合わせた同業者らしい初老の男が声高に話していた。「大変な世の中です。仕事がこれからどんどん減っていく。特にフリーの人は大変だ。デザイナーなんか先行き真っ暗で泣いてますよ」。いつの世でもこんなやつがいると軽蔑した。仕事が減ったらその分、腰を据えて勉強できると開き直っていた。その数日後、私も取材で大阪に行ったが、確かに電力制限でネオンが消え、街は暗かった。

この年の年末28日、私は逗子で開かれた作家の岩川隆グループの忘年会に出席した。泊まりがけの会合だったが、前年に狛江の岩川邸の時と違い、何やら雰囲気がよくないような気がした。各人の思惑や自己顕示欲などが交差して、酒が入るとやや荒れ模様になることも予測された。私は口実を設けて早めに席を抜け、予約しておいた逗子なぎさホテルにチェックインした。

このホテルは後年、伊集院静と夏目雅子の出会いの場所として有名になったが、当時から湘南に住む物書きや遊び人たちによく利用されていた。私は二泊し、部屋にこもって少し長い原稿を書いた。朝食のため食堂に降りると、冬日を浴びた庭には閑静なリゾート気分が漂っていた。浜辺から少し離れた場所なのに磯の香りを満喫できるような気分だった。

ささやかな贅沢を味わって29日の夕方に藤沢から小田急に乗ると、丹沢の低い山並みが夕陽を浴びていた。翌30日は徳間書店から貰った招待券で帝劇の「輝く日本レコード大賞」発表を観に行った。

『あしたのジョー』の時代と重なる私の「傍観者の時代」はこれで終わる。ジョーは5年4カ月で白く燃え尽きたが、私はその後も恥をさらしながら、まだ生き続けている。

第三章　実録・「週刊少年マガジン」編集部

そのルーツは「少年倶楽部」にあった

「週刊少年マガジン」では『あしたのジョー』の連載時期とほぼ時を同じくして『巨人の星』(漫画・川崎のぼる)、それから少し遅れて『空手バカ一代』(つのだじろう、後に影丸譲也)、『愛と誠』(ながやす巧) といずれも梶原一騎原作の連載が人気を博し、このほかにも『天才バカボン』(赤塚不二夫)『アシュラ』(ジョージ秋山)などの人気作、話題作が並んでいた。発行部数は100万部を突破し、第1期黄金時代を迎え、大学生から広く成年男子へと読者層を広げていた。この章では当時の雑誌づくりの現場を舞台として編集者たちのドラマを再現してみたい。

「週刊少年マガジン」を発行している講談社は、もともと雑誌王国と言われるほど実に多彩な雑誌を創刊し、それぞれを各ジャンルのカテゴリーキラーに育て上げるノウハウを育ててきた。大正末期から昭和10年代までに、次のような性別、年代別の雑誌系列が完成していた。「幼年倶楽部」、「少年倶楽部」、「少女倶楽部」、「婦人倶楽部」、「キング」、「講談倶楽部」。これに「講談社の絵本」シリーズを加えれば、ほぼ人間の一生と雑誌がクロスする。すなわち物心ついたら絵本で、学齢期になったら「幼年倶楽部」に、そこから先は男の子、女の子路線に分化して、結婚を機に女性は「婦人倶楽部」、都会派のインテリ男性は「キング」、伝統的な大衆文学・芸能を愛する層は「講談倶楽部」を同伴者とするわけだ。これは講談社（当時は大日本雄弁会講談社）の野間清治が確立したメディア戦略で、それが当時の国家イデオロギーと合致したところから講談社は〝私設文部省〟などとも呼ばれた。

特に講談社の看板雑誌となったのは「少年倶楽部」で「面白くて為になる」を編集の原点として、吉川英治、大仏次郎、佐藤紅緑、佐々木邦など文壇の大家が少年向けに本気に取り組んだ小説、軍人出身の山中峯太郎、平田晋作が軍事衝突をテーマにした小説、出世漫画のパターンを作った『のらくろ』シリーズ（田河水泡）や『冒険ダン吉』（島田啓三）などの連載漫画、組立や別冊など毎号趣向を凝らした付録で圧倒的な人気を得た。昭和11年新年号の発行部数75万2千部が同誌の最高とされているが、回読率などを考えると、「少年倶楽部」は一世を風靡していたのである。

昭和20年の敗戦で日本が占領下体制に入ると、まず払拭を迫られたのが、この国家イデオロギーと同調した体質であった。当時、講談社が最も恐れたのは少年層に国家主義、軍国主義を鼓吹した責任を問われることで、「少年倶楽部」の編集姿勢がその槍玉に上がりはしないかという危惧があった。同誌はいち早く「少年クラブ」と改題し、読物などに戦後民主主義の色彩の強いテーマを取り入れたが、もはや読者の血を沸かせ発売日に書店に走らせるような力を持ちえず、昭和37年にひっそりと消えた。

かつての「少年倶楽部」にかわり少年たちを熱狂させるメディアを生み出すこと、これが経済白書が「もはや戦後ではない」という見出しで占領体制からの脱却、経済成長への足掛かりを指摘した昭和30年頃から講談社の編集現場に与えられた至上の命題であった。

メディアの世界にも大きな変革の波が来ていた。テレビというまったく新しいメディアが現れて、それまで大衆文化の王座にあった映画と交代しようとしていた。かつては新聞の添え物とされていた新聞社系週刊誌のほかに、出版社系週刊誌（昭和32年に「週刊新潮」、同34年に「週刊文春」、「週刊現代」）が創刊され、週刊誌時代が本格化していた。テレビが人気の王座に上るにしたがって、大人から子供まで人気テレビ番組の放送時刻が日常のスケジュールに重ね合わせるようになる。子供向けの雑誌も月単位よりも週単位で読まれるニーズがしだいに高まってた。

「週刊少年マガジン」は「週刊現代」創刊に先立つこと2週間、昭和34年（1959）3月17日に講談社から創刊された。

『巨人の星』の登場まで

「週刊少年マガジン」初代編集長となった牧野武朗は、スタッフたちが読者層となる男の子たちと直接面談して今いちばん興味を持つことを探り出そうとした。その結果、上がってきたのは大相撲、プロ野球、ラジオ・テレビの人気番組などであった。

創刊号の表紙は当時の人気大関、朝潮太郎が少年を抱いた構図で「大ずもう春場所特集号」。連載小説は川内康範の『月光仮面第6部』と林房雄の『探偵京四郎』。『月光仮面』はすでにテレビの人気番組となっており、小説は「少年クラブ」からの移籍であった。漫画は『左近右近』（吉川英治／原作・忍一兵／漫画）、『13号発信せよ』（高野よしてる）、『疾風十字号』（山田えいじ）、『もん吉くん』（鈴木みちお／原作・伊東章夫／漫画）、「冒険船長」（遠藤政治）の5本で、別冊付録は『天兵童子』『新吾十番勝負』『西鉄稲尾投手物語』の3冊の漫画だった。どちらかと言えば少年読物雑誌の色合いが濃い。

創刊第2号の表紙は巨人の長嶋茂雄で「プロ野球開幕特集号」、創刊第3号は稲尾和久で付録は「プロ野球全選手名鑑」、第4号の表紙は金田正一で、「皇太子さまご結婚特集号」である。その後、プロ野球の藤田元司、プロレスの力道山、大相撲の若乃花などが相次いで表紙に登場している。「週刊少年マガジン」創刊号の発行部数は20万5千部で予想以上の売れ行きであったが、それから長い低迷期に入った。

編集長の牧野は創刊2、3号目から売れ行きが低迷して、考えられることは何をやってもダメだった、自分の長い編集者生活でこんなに苦労した雑誌はなかったと後で証言している。牧野がようやく雑誌が売れ始めたという実感を持ったのは創刊2年半を超えた昭和

「週刊少年マガジン」の発行元講談社。

「週刊少年マガジン」創刊号。

「マガジン」のルーツとなった「少年倶楽部」。

36年の秋ごろであった。この当時、牧野が連載漫画を充実させるために試みたのが作家と漫画家の分業システムだった。漫画家がひとりでストーリーを考えて描いていると、何本も連載を抱えているうちに作品の質が低下してくる。分業にすればストーリーが強化され、作品の質が向上し、人気が持続するのではないかという牧野の提案は、漫画家と作家の両方から反発された。漫画家は自分の領分が侵される、作家は小説は書きたいが、漫画のオリジナル原作ではと敬遠する者が多かった。

しかし梶原一騎だけは率先して牧野の提案を受け入れた。梶原は絵物語の文章を書いていたが、もともと作家志望であった。スポーツ好きという自分の特徴が生かせるならばと牧野の提案を受け入れて、最初に書いたボクシングものの評判がよく、原作者への道を歩み始めた。

34年8月から始まった『アパッチ投手』（佐野美津男／原作・石川球太／漫画）の原作者は児童文学者である。36年1月から始まった『ちかいの魔球』（福本和也／原作・ちばてつや／漫画）、37年1月スタートの『チャンピオン太《ふとし》』（梶原一騎／原作・吉田竜夫／漫画）はたちまち人気を呼んだが、ちばてつやと組んだ福本はミステリーやSFで活躍している作家であった。このようにしてしだいにオリジナル原作付きの漫画が定着し、ストーリー漫画が本格化していった。

この時期になると、編集部もしだいに読者が好きなものを探り当てられるようになってきた。プロ野球ではセ・パ両リーグの選手がまんべんなく登場していたのが、巨人の選手だけを取り上げるようになり、他の球団や選手は巨人のライバルとして扱われるようになった。日本テレビのアナウンサー越智正典が毎週『巨人軍物語』を書いた。漫画『ちかいの魔球』の背景には常に巨人軍の選手が登場するが、この作品は『巨人の星』の先駆けと言ってよい。プロレスは力道山で『チャンピオン太』では、少年レスラーの背後には常に力道山が登場していた。

また「週刊少年マガジン」は少年たちの間で人気のホビーをもう一つ発見した。37年頃、編集長の牧野は営業部の部屋で雑談している時に、いま少年たちの間で古い切手の収集がブームとなっており、10円切手なのにその売値が驚くほど高価な物があることを知った。そこから発想したのが「切手プレゼント企画」で、それも無料でプレゼントするのでなく、有料だが非常に安価で分ける企画であった。人気が出そうな品目を卸商から大量に買い入れて、送料と発送の手間賃を考えて価格を設定したが、この企画は人気を呼び、最盛期には週に2万通余りの応募が殺到、編集部ではアルバイトを雇って対応しなければならなかった。取り上げた切手には市価が高騰するものもあり、切手専門誌も登場するブームになった。

昭和38年頃になると「週刊少年マガジン」は上昇気流に乗り、徐々に部数を伸ばしていった。当時人気の連載漫画には次のようなものがあった。スポーツ漫画の『黒い秘密兵器』(福本和也／原作・一峰大二／漫画）、『ハリス無段』（梶原一騎／原作・吉田竜夫／漫画）、ユーモアギャグの『丸出だめ夫』（森田拳次）、歴史物の『王者の剣』（白石一郎／原作・木山茂／漫画）、ＳＦアクションでは『８《エイト》マン』（平井和正／原作・桑田次郎／漫画）、テレビアニメと連動した『宇宙少年ソラン』（ＴＢＳ／企画・平井和正／監修・宮越義勝／漫画）などである。異色作としては『ワタリ』（白土三平）と『悪魔くん』『墓場の鬼太郎』（水木しげる）がある。『ワタリ』は少年忍者ものだが、その背後には白土三平が『忍者武芸帳』などで延々と書き続けている、いわゆる〝白土史観〟が流れていた。水木しげるの漫画は、従来の怪奇漫画とはニュアンスを異にする妖怪漫画として開始され、妖怪ブームを起こした。

内田勝、「少年倶楽部」の編集ノウハウに目覚める

しかし昭和40年（１９６５）、「週刊少年マガジン」は思いがけないふたつの事件に遭遇した。ひとつは同年３月21日号から開始された手塚治虫のＳＦ冒険漫画『Ｗ３《ワンダースリー》』が連載開始後６回で中止となり、ライバル誌「週刊少年サンデー」に移るという事件である。原因は手塚から連載中の『宇宙少年ソラン』に『Ｗ３』からのアイデア盗用があるという抗

議があり、編集部はその誤解を解くべく奔走したが手塚の怒りは解けず、異例のライバル誌移籍となった。

もうひとつは同年『8マン』を連載中の桑田次郎（後に二郎）が拳銃不法所持で逮捕され、雑誌の柱だった連載漫画が急きょ中止された事件であった。さらに悪いことに創刊当時から『紫電改のタカ』などを連載し続けていたちばてつやが結婚して新婚旅行のため、『ハリスの旋風《かぜ》』をしばらく休載した。その影響は直ちに部数減となって現れた。内田勝が三代目編集長に指名されたのはこのような事件の直後であった。

危機的な状況の中で三代目の編集長に指名された内田は当時30歳になったばかり。彼は入社以来、牧野武朗の薫陶を受けてきたが、周囲のスタッフはほとんどが彼よりも年長だった。「牧野さんのやり方は毎週のプラン会議で、何かプランはないかと、とことん締め上げるタイプ、前日がブルーになってしまうプレッシャーを感じて自分なりに成長はしてきたと思うが、さてリーダーになるとそれにふさわしいノウハウは何ら身についていない。いっそ固辞して会社を辞めようかと思い詰めたのです」と後に語っている。

迷っている最中に講談社の廊下を歩いていて顧問室というプレートを見て衝動的に訪問した。そこには「少年倶楽部」の最盛期に名編集長とうたわれた加藤謙一がいた。加藤は戦後、一時講談社を退社して、自分の手で「漫画少年」を創刊し、手塚治虫を世に送り出したり、「野球少年」の創刊に関わり、プロ野球の人気拡大に貢献したが、再び講談社に戻っていたのである。

初対面の加藤に向い内田は、自分は今度「週刊少年マガジン」の編集長になるが、「何をしたらよいのでしょうか」と問いかけた。突然の質問に対して、加藤は温顔を崩さず「編集長になったら自分で企画を考えてはいけない。いかに上手に人を使うか、それだけを考えよ」とヒントを与えてくれた。また加藤によれば「編集とは故障なり」である。雑誌を作る上で常に何らかのトラブルに遭遇するが、それを乗り越えることで雑誌が発展するという原則である。

顧問室を出た内田は図書室に入って「少年倶楽部」のバックナンバーに目を通し始めた。真剣に向かい合ったのは初めてで、全部の記事は読めないので、まず人気連載の『のらくろ』を通読しているうちに内田は驚いた。野良犬が軍隊に入って出世していく漫画だと思っていたのだが、掲載時期が戦時体制であったにもかかわらず、反戦的な表現が次々と出てくるのである。

例えば理不尽な命令をする上官に向い部下ののらくろたちが抗議して、俺が悪かったと上官が謝ると、反省するなら許してやろうと言ったり、敵に捕まって「秘密を白状しないと命はないぞ」と脅かされると、命が大事だからと素直にしゃべって味方の隊に戻ったりする。当時の体制の中で子供向けの漫画でそのようなことが表現されていることに内田はわが目を疑った。「戦後の民主主義の中で言論の自由が与えられている中でわれわれは『のらくろ』の反骨精神のかけらさえ表現していないのではないか」と反省し、心が熱くなった。

編集長に就任した内田勝は二つの戦略を実施した。第一がテレビとの連携強化で、東映テレビ部の幹部と話し合い、連載作品から水木しげるの『悪魔くん』と『墓場の鬼太郎』(テレビでは『ゲゲゲの鬼太郎』)をアニメ化し、放映に導いた。第二は「劇画」とうたった作品を登場させたことである。内田は貸本漫画界を代表する存在であったさいとう・たかをに連載を依頼に行ったが、大手出版社に対抗意識を燃やしていたさいとうは執筆に当り「漫画ではなく、〈劇画〉と明記してほしい」という条件を付けた。内田は部員の反対を押し切ってこの条件を容れて連載を実現させた。

こうした経緯で始まったさいとう・たかをの『刃之介』『無用之介』(さいとうプロダクション)は水木しげるの『悪魔くん』『墓場の鬼太郎』と並んで「週刊少年マガジン」の劇画路線を読者に印象づけた。この路線から「劇画の『マガジン』、ギャグの『サンデー』」という表現が生まれた。

このころ内田編集長のパートナーで、漫画班のチーフ宮原照夫副編集長は「週刊少年マガジン」の漫画の作り方を次のように考え直し、掘り下げていった。

1　荒唐無稽・勧善懲悪型の漫画づくりから人間中心の漫画づくりへ。
2　社会性を反映させ、時代と共にある内容づくりへ。

3　表現技術の向上を図り、文学性、芸術性を高めて小説に一歩でも近づく内容づくりへ。
4　限られたテーマ・ジャンルから、多様な漫画ジャンルの構築へ。

内田や宮原が新生「週刊少年マガジン」のモデルとしたのがかつて講談社のドル箱雑誌であり、社内に伝えられる遺伝子となっている「少年倶楽部」であったことは、前出のエピソード、さらに『巨人の星』連載開始前に梶原一騎と内田との間に交わされた会話（後述）が示す通りである。

『巨人の星』連載始まる

昭和41年（1966）5月15日特大号に、新連載漫画『巨人の星』（梶原一騎／原作・川崎のぼる／漫画）が掲載された。開始早々、川上哲治監督や長嶋茂雄選手などプロ野球巨人軍の人たちが実名で登場し、読者の心をつかんだ。では、この物語はどのように発想され、読者の心をつかんだのか。

宮原によると、昭和40年8月に開催された新年度編集方針会議における、講談社社長・

野間省一の一言から始まったという。社長は編集方針の全体に賛成しながら「このプロ野球全盛時代に野球漫画がひとつもリストアップされていない」と述べたという。これに対して、編集局長の椎橋久が「野球漫画は不可欠と考えており、いま凄い野球漫画を準備中です」と急場を救い、スポーツに詳しくない内田の立場を配慮して副編集長の宮原に「野球漫画はお前がやれ」と檄を飛ばしたという。

内田は漫画強化策として、すでにスポーツに詳しい梶原一騎と相談を進めていたが、なかなか作品の構想が固まらなかった。ある日の酒の席で内田は梶原にこう言った。「梶原さん、『マガジン』の佐藤紅緑になってください」。佐藤紅緑は貧しい少年が苦学して立身出世の道を歩む「ああ玉杯に花受けて」など感動的な小説を執筆した「少年倶楽部」の看板作家である。梶原はしばし沈黙してこの言葉を受け止めていたが、「やらせていただきます」と決意表明して新しい漫画のストーリー作りに取り掛かった。

打ち合わせを重ねるうちに、内田、宮原、梶原の三人とも方向が一致してきた。梶原が示した物語の基本構想は次のようである。「宮本武蔵は剣の道で修行し人格形成した。この物語の主人公は、野球の道で修行し人格形成していく。そして『ジャン・クリストフ』のように越えても越えても試練が降りかかってくる。そういう運命の下に生まれた〝悲運を背負った主人公〟にしたい」

また同じころ、内田は梶原との話し合いで、野球漫画に限らず、これから展開していく長編の方向性を設定していた。第一が父と子の物語である。これを具現化したのがまさしく『巨人の星』であった。第二が師と弟子の物語。これは『あしたのジョー』の基本テーマとなった。第三が若い世代同士の純粋な愛の交流。これも『愛と誠』で表現された。「もうひとつ、母と子というテーマを設定しようとしたが、これは昔から母と息子のドラマにつきまとうベタついた情緒性がどうしても払拭できないという結論に達して梶原さんも私も諦めたのです」と内田は語っていた。

原作の発端ができたとき、内田と宮原はこの漫画を描く作者の候補として川崎のぼるを訪問した。だが原作に目を通した川崎は「手が震えるほど感動したが、野球をまったく知らないのでお断りするほかない」と躊躇した。宮原か「それならわれわれが野球をお教えします」と粘り抜いてついに承諾してもらった。

連載は昭和41年のプロ野球開幕に合わせて始める予定だったのが1ヶ月近く遅れたのは、川崎が「週刊少年サンデー」の連載を終了してから開始したいという意向であったが、「サンデー」側が川崎の申し出をなかなか許可しなかったためである。

タイトルは最初は『巨人軍の星』であったが、この作品は野球ドラマではなく、あくまでも人間ドラマであるという見地から「軍」を外した。主人公の名前「星飛雄馬」は読者が覚えにくいから、もっと簡単な名前にしたらという内田の提案で一時は「星明」に傾きかけたが、宮原は反対した。「飛雄馬」という名前はヒューマンを連想させ、まさに連載のテーマがこめられている。読者の脳裏には必ずこの音感が到達するだろう。「明」だったら作品の価値は半減するし、連載は短命に終るだろう。梶原もこの意見に賛成して、原案どおりとなった。

「天上に輝く星、あれが巨人軍だ！　飛雄馬よ、あの星めざして駆けあがれ！」の惹句は連載開始早々から読者の心を捉えたが、この「星」の誕生については内田が次のような証言を残している。まだ題名も決まらない頃に深夜まで練馬区大泉学園の梶原宅で打ち合わせしていた内田を、タクシーが拾えるところまでと、梶原が自転車の荷台に乗せて送った時、二人は余りにも美しい星空を見上げた。そのとき梶原がいきなり大声で言った。「そうだ！　内田さん、連載のタイトルはそれで行こう。『巨人の星』これで決まりだ」。

『巨人の星』は、大河物語にふさわしいペースで進行した。星飛雄馬をめぐって、終生のライバル、親友となる人物が次々と姿を現す。飛雄馬とは対照的なブルジョワ家庭育ちで天才肌の花形満に続き、柔道部出身で飛雄馬のパートナーとなる伴宙太、熊本出身の土のにおいのする強打者・左門豊作など個性的で多彩な登場人物が続く。それとともに「大リーグボール養成ギブス」や「消える魔球・大リーグボール」などのアイディアで読者を熱狂させた。

『巨人の星』が「週刊少年マガジン」の売れ行きに大きな貢献をした。この連載が佳境に入る頃から編集部内には、発行部数１００万部が射程距離に入ったとの手応えがめばえ、

42年1月1日号の表紙には「100万部突破記念——驚異の躍進をつづける人気NO．1の少年週刊誌」の文字が躍った。

『巨人の星』以外にも読者の評判になるヒット作が相次いだ。42年4月9日から始まった赤塚不二夫の『天才バガボン』は、徹底したナンセンスなギャグ漫画として歓迎され、登場キャラクターの口ぐせが若者たちの流行語になった。赤塚不二夫は編集者をまじえた「アイディア会議」や奇想天外な遊びの中からギャグを生み出す天才であった。「120万部突破」をうたった43年春先の「週刊少年マガジン」は強力四大連載として『巨人の星』『天才バカボン』『無用ノ介』『ゲゲゲの鬼太郎』を並べている。『あしたのジョー』の連載が始まったのは、まさにこの時期であった。

総合雑誌化に拍車をかけた特集「大図解」

各地の大学で学園紛争が続発していた昭和42年から44年にかけて「右手（めて）にジャーナル、左手（ゆんで）にマガジン」という言葉が聞かれた。大学生の愛読書が当時、反体制運動の動きをよく取り上げた「朝日ジャーナル」（朝日新聞社）と「週刊少年マガジン」であった形容である。それよりも少し前には「大学生が漫画を読む」時代と揶揄する風潮があったのが様変りしたわけである。

当時、「週刊少年マガジン」の編集現場について編集部員の山野勝が「物語　講談社の100年」に残した証言を引く。

「このころ、編集部は漫画班・記事班・特集班と三つに分かれていて、全体で36人の部員が、各班にほぼ均等に配分されていました。したがって漫画がすべてでなく、グラフの特集や記事にもかなりの力点が置かれていたんです。大学生は政治的に、右派も左派も関係なく、『マガジン』を愛読していましたね。グラフの特集企画が漫画よりも少し上の世代をねらった感じになっていたから、おそらく読者の年齢層は相当高くなっていたと思います」。

44年6月22日号に登場したグラビア企画は「人間と戦争の記録――大空襲」であった。昭和20年3月の東京大空襲の記録写真40枚が一挙15ページにわたって展開された。いつもは色彩豊かな楽し気な写真に馴れている読者にとって戦争の惨状を伝える写真は衝撃的であった。

同じ号の活版ページには、やはり15ページの決定版シリーズ「ほらふき大冒険」が掲載された。こちらは、虚実ないまぜの科学情報を楽しく読ませた。これらふたつの企画の構成はSF作家の大伴昌司である。

この特集企画を推進したのが編集長の内田勝だが、社外における協力者として大伴昌司の存在を無視することはできない。大伴と内田の最初の仕事は41年5月の『決定版「ウルトラQ」の世界』であった。これは大伴が編集部に持ち込んだ企画で、これまで戦記物に用いられていた飛行機や兵器などの精密な図解を想像の産物である怪獣に応用して、例えば「ベギラの体重は何トンで」というように戦艦大和の排水量などを示す戦記図解と同じ方法論で描くのである。大伴はすでに自分でデッサンと架空の数量データを示し、兵器・戦記のメカニズムを図解していた小松崎茂や梶田達二、南村喬之など少年雑誌で活躍していた画家たちが担当した。後に違う分野から石原豪人や生頼範義が加わった。

大伴はまだ「アートディレクション」という概念も分業システムも確立していない雑誌の世界、それも少年漫画誌に忽然と現れた「謎のアートディレクター」的存在であったが、内田との波長が合った。怪獣図解、妖怪図解の形式が続いた後、内田は大伴の才能をもっと広げようと、図解の世界をさらに広げることを提案した。世の中の過去・現在・未来に関わる森羅万象を図解という形で読者に示すのである。

内田は大伴と組み、毎号巻頭のカラーページと二色オフセット刷りの二本建てで図解特集企画を連発した。その内容は、情報社会の未来図から世紀末を警告する『世界大終末』(小松崎茂／画)、カンボジアやメキシコなどの古代遺跡を紹介する『密林の巨石文明』、あるいは『ミミズク君起きてるかい？』では若者に人気の深夜放送の舞台裏を紹介するなど多岐にわたっていた。

内田と大伴との密着度は高まり、内田は週に三度は大田区池上にある大伴の仕事場を訪問していた。その傾倒ぶりが著書「奇の発想」の文章に表れている。

「大伴さんの創案による図解特集を言葉だけで説明するのは難しいが、イラストや写真をブラウン管の映像、コピーをブラウン管の音声（ナレーション）に見立て、卓抜な発想と綿密な取材、斬新なレイアウトによる図解構成のもとに、多様なテーマの誌面化を行なったもので、従来の雑誌のオフセット口絵とは完全に異質のビジュアルアートと言えた。」

その作業スケジュールは、発売1ヶ月前からプランを決定し作業を開始、最初の1週間で大伴が構成・ラフスケッチを作り、2週目は取材や撮影、イラストレーション。3週目で編集・執筆作業。そして発売1週間前に入稿。さらにその後に完全主義に基づく校正という綿密な進行ぶりであった、もちろん企画は並行するから、スタッフは毎日が編集会議ならぬ企画会議でテーマを追いかけている日常であった。

「大図解」で扱う世界は「少年向き」にとどまらなかった。画像の扱いも独特で、たとえば取材に半年を費やした『大空港』のテーマでは、大伴のやり方がカメラマンを怒らせるということもあった。カメラマンがプロとして基本的な構図を考えて撮影してきたカットも、大伴のイメージの断片的素材として、ズタズタにトリミングされ、レイアウトされたからである。

内田は、一枚の絵が伝える情報量は、ときには数万字の文字以上のものがあるとして、図解企画『劇画入門』（45年1月1日号）の中で「一枚の絵は一万字にまさる宣言」を行なった。『無用ノ介』の一場面、見開き一ページ分に記された全文を紹介しておこう。

『劇画』は文字と映像の中間にある、新しい情報媒体（情報を媒介する仲介役）だ。コマ割り漫画の一分派として派生した劇画は、紙芝居や映画、演劇、ラジオドラマなど、周囲の媒体の長所だけを吸収ながら成長しつづけて、いまでは日本の出版、映像文化を左右しつづけるほどの力を持つようになった。

一枚の絵が伝える情報量は、時には数万字の文字と同じことがある。アポロ11号が持ち帰った月面活動の写真一枚は、過去数千年の人類の歴史のあいだに書かれた、数億、数兆個の月に関するおびただしい文字よりも、はるかに大きな情報を私たちに与えてくれた。しかも一枚の絵や写真を理解する時間は、同じ情報量の文字にくらべると、比較にならないほど早い。

また、字を知らない人にも、絵や写真はほぼ完全に理解することができる。映像文化の洗礼を受けた世代（おもに昭和二けた生まれの人々）が増えるにしたがって、文字だけを媒体とした文化は、急速におとろえていくだろう。活字文化の時代は終ろうとしている。

劇画は、未来に無限の可能性をもつ文芸だ。その表現手法には、数知れないほどたくさんの形式があるが、ここではさいとう・たかおの代表作『無用ノ介』をテキストに、もっとも基本的な劇画のパターンを研究してみよう。

この主張には内田の「週刊少年マガジン」に対する絶大な自信と自己主張がこめられていた。すなわち、この雑誌は少年漫画誌の域を超えた、成人が読むに足る、いやそれよりも新しい時代の動きを知るための総合情報誌なのである。内田はかつて講談社が「少年倶楽部」で捉えた読者層に「キング」の読者層までを加えようとしていたのではないか。

内容が高度化し、読者年齢が上昇した

『巨人の星』と『あしたのジョー』が並走し、その内容が学生や社会人の間で話題になり、『天才バカボン』のセリフが流行語になっていた頃、「週刊少年マガジン」はますます総合誌化していた。45年（1970）6月28日号からは『サキ・シリーズ』が始まった。ブラックユーモアと風刺的な作風で知られるイギリスの作家サキの短編を選び、真崎守、松本零士、辰巳ヨシヒロ、上村一夫らの漫画家が挑戦する試みであった。さらにG・オーウェルの文明批評的な作品『アニマル・ファーム』を石森（後に石ノ森）章太郎が読み切り形式で漫画化した。これらは少年漫画誌を超えたテーマといえよう。

大伴昌司監修の「大図解シリーズ」は扱うテーマの幅をますます拡大していった。最新

の科学技術を紹介する『長大橋』や、最新トピックスを取り上げる『CM幻想の世界』から、『CIA入門・ナゾの巨人を科学する』『ペンタゴン』といった国際政治ものなど、テーマは多岐にわたり、大人にも読みごたえのある企画が続いていた。しかし、こうしたなかでつまづきがあった。

45年8月16日号の巻末には、「新連載漫画『アシュラ』の企画意図について」という「編集部からのお知らせ」が掲載されている。8月2日号から始まったジョージ秋山の連載が、神奈川県の児童福祉審議会から有害図書に指定され、それを契機にある宗教団体の不買運動が起こり、大新聞、テレビ、PTAなどから批判されたのである。この作品は宗教をテーマとした漫画で、戦乱の世で孤児になった主人公が地獄の世界を鬼のように生きて、やがて仏の道にめざめるという内容であった。だが主人公が自分を産み落とした母親の屍肉を食べるなどの描写が「残酷さを売り物にする」と非難の的になった。

「第一回に描かれた地獄絵的世界は、当然主人公のこれからの精神的成長の中で否定され、神なるもの、仏なるものへのひたむきな希求をとおして、豊かな人間社会を建設していくドラマを描こうとする構想であります」と「編集部からのお知らせ」は主張した。しかし社会からの風圧は強く、発行部数で約50万部の大幅減少も招いた。

しかし風圧に負けず『アシュラ』の連載は続行された。一部場面の残酷さを除けば、ジョージ秋山の、どこかユーモラスで、のびやかな画風に助けられて、『アシュラ』は本来のテーマを全うした。この部数の大幅減は『アシュラ』に対する社会的批判の結果ではないというのが、当時の編集部内の見方であった。読者層の年齢が上がり、創刊当初、主要読者層としていた小学校上級から中学くらいの読者が離れたためである。テーマ性の強い漫画やグラビアを評価する読者は多かったが、一方では、このようなバランスのずれが飽和点に達していたとも言える。

それでも「週刊少年マガジン」はほかの少年週刊誌が絶対に登場させないような企画を連発していた。表紙に当時、前衛イラストレーターとして人気の横尾忠則を起用したのもその一例だった。横尾は表紙にさまざまな試みを取り入れた。ある週は戦前に評判だった「講談社の絵本」調に、ある週は『あしたのジョー』や『ワル』など人気連載をモチーフに構成したりした。

横尾忠則の表紙は前代未聞の試みが多かったため、波紋を巻き起したこともあった。45年5月31号の表紙は一色刷りで、星飛雄馬を題材にその全体像の周囲に横尾独特の書体で、〝行け行け飛雄馬〟とか〝男のど根性〟など主題歌の一節がちりばめられ、さらに連載漫画のタイトルが踊り、発行日、号数、定価はインクが掠れたゴム印で押されているという体裁だった。このデザインは販売部を驚愕させた。初校が上がった時には「後でどんな色を付けるか」という問い合わせが編集部にあり、内田が「このままで行きます」と答えると、販売部の責任者は「講談社がこんな雑誌が出せるか。あくまで固執するなら部数を減らすぞ」と怒号したという。

おまけにこの号の大図解は『横尾忠則の世界』で、表紙をめくるとすぐにスミ一色の暗黒場面から始まると言うお化け屋敷のような仕掛けであった。しかし読者の反響は社内の危惧と反比例した。当時の発行部数は約120万部だったが、3日間で完売し、買えなかった読者からの抗議の電話が販売部を慌てさせた。

同じ年の春、ギャグ漫画として人気が高まっていた赤塚不二夫の『天才バカボン』がライバル誌の「少年サンデー」に移るという〝事件〟があった。「実はサンデーからの申し出で毎号80ページを『赤塚不二夫特集』として提供してくれるというので」と赤塚が言い出した時、内田は即座に「結構です。どうぞ」と承諾した。「少年倶楽部」の名編集長、加藤謙一が言っていた「編集とは事故なり。しかしそれを乗り越えることで雑誌が成長する」という鉄則を思い出したからである。

このあとを埋めるような形で登場したのが谷岡ヤスジのスーパー・ギャグコミック漫画『ヤスジのメッタメタガキ道講座』で、この作品は美しい線、精密な描写、ユーモラスなストーリー展開など、およそ上質な漫画の条件を欠いているのに、読者に歓迎された理由は何か。それは言語感覚の面白さだった。ムジ鳥がいきなり叫ぶ「アサーッ」や「クソして寝ろ」「鼻血ブー」「オラオラオラー」や「オドリャー」「血ィ見るド」「ン?」「だもんね」などは、流行語の域を超えて学生や若い社会人の会話の中に入り込んだ。これらの言葉を使うことが、価値観が揺れ動く時代を生きている証明のようにもなった。

文芸路線の漫画も続いた。45年末から46年初めにかけてはベストセラー作家、笹沢左保の『六本木心中』（滝沢解／脚色・芳谷圭児／劇画）と『中山峠に地獄を見た』（上村一夫／劇画）が「文芸劇画」として登場した。

誌面改革と梶原原作への依存

昭和46年6月から「週刊少年マガジン」四代目編集長に就任した宮原照夫に課せられた使命は大幅な部数減の回復であった。45年春には150万部を記録していた発行部数がその翌年には大幅に落ち込み、100万部を切っていた。特に45年の年末は危機的な状況に直面していた。第一章で書いたように、『あしたのジョー』の連載がちばてつやの病気などで翌年2月までの休載を余儀なくされていたし、両輪のもう片方、『巨人の星』も川崎のぼるとの話し合いで46年に連載を終えることになっていた。

ここで宮原が断行したのは「内田マガジン」色を薄める施策、すなわち〝内田イズム〟の脱却であった。宮原がまず断行したのは第二図解シリーズの一色グラビアを廃止して、その分を漫画に回すことだった。宮原は漫画と図解グラビアの方向性に乖離が生じていること、すなわち「マガジン」の総合誌化を危惧し、原点である少年漫画誌に戻すことを急務と考えたのである。

また45年からは表紙やグラビアにアイドル・タレントが登場する機会を増やした。そのきっかけとなったのは、目次の横に「藤圭子のポスターを10人に進呈」と入れたら、すごい数の応募が来たことである。読者に向けて「女の子」企画がよいかも知れないと、アイドル路線が始まった。表紙デザイナーが水野石文から鶴本正三に交代し、篠山紀信とのコンビでアイドル路線をとった。南沙織、天地真理、アグネス・チャン、桜田淳子、山口百恵らが1970年代後半の表紙を飾った。

連載漫画の中心として読者を引っ張り続けていたのは『あしたのジョー』であったが、『巨人の星』の連載終了後には同じ梶原一騎原作の『空手バカ一代』(46年5月23日号から、つのだじろう／漫画・48年11月18日号からは影丸譲也)が登場した。極真空手の創始者、大山倍達をモデルとしたノンフィクション劇画で、原作者の梶原も証言者として画面に顔を出すことがあった。

ストーリーは日本敗戦後の廃墟で、誰よりも強くなりたいと願いを立てた大山倍達の厳しい修業や、次々と登場する強敵との戦いが描かれた。対戦者は他流派の実力者から、ギャングや外国人プロレスラー、猛牛やヒグマなどの動物までが含まれた。毎回、対決や闘争が描かれ、実在人物による内幕話が紹介された。この作品によって空手ブームが起こり、梶原は空手界の実力者として活動するようになった。

46年は『あしたのジョー』『空手バカ一代』のほかに「週刊ぼくらマガジン」から梶原一騎原作のプロレス劇画『タイガー・マスク』（辻なおき／漫画）が移籍してきた。これで「週刊少年マガジン」は〈梶原マガジン〉であり〈格闘技マガジン〉になった。さらに梶原の〈愛の絆〉三部作のひとつといわれている『愛と誠』が登場するのである。

『あしたのジョー』が終局を迎えていた昭和48年（1973）はじめ、『純愛超大作』というキャッチフレーズで『愛と誠』（1月14日・21日合併号）が登場した。

大ヒット作『あしたのジョー』の次に来る連載案を模索していた宮原はツルゲーネフの『初恋』やゲーテの『若きウエルテルの悩み』などを再読して純愛物の構想を立てた。原作者はやはり梶原一騎以外にないと思われる。「週刊少年マガジン」がさらに〈梶原マガジン〉化することを懸念したものの、やはりこの原作者しかないと、思い定めて依頼に行った。梶原はいったんは「純愛ものを書くガラじゃない」と渋ったが、1ヶ月後には、自分にしか書けない現代版『ロミオとジュリエット』に挑戦する気になった。

『愛と誠』は身分違いの男女がある事件で出会い、恋がめばえ、後に再会するが男の境遇が変わっているという大衆小説の定番である。「芝居の一幕物にも似て、動きが少ない学園ドラマで、よくもこんなにダイナミックなストーリーが生み出せるもの」と宮原は驚嘆した。宮原の意図は成功し、読者の人気も圧倒的だった。

漫画家には新鋭のながやす巧が起用された。絵がうまいと梶原から信頼されたながやすはキャラクターの基本を『あしたのジョー』に置いたという。主人公の太賀《たいが》誠の基本は矢吹丈で、ヒロインの早乙女愛も、尊敬するちばてつやが描く女の子を劇画タッチにしたのだという。

「愛と誠」はメディアミックスでも成功した。講談社にはかつて「キング」連載で人気が出た菊池寛の小説『東京行進曲』をレコード、映画でも大ヒットさせて以来のノウハウがある。『愛と誠』は49年7月に松竹で映画化され、太賀誠役は人気絶頂の西条秀樹が演じ、早乙女愛役は公募で選ばれた高校一年生が原作通りに早乙女愛を名乗ってデビューした。同年10月から始まったテレビドラマも高視聴率をあげ、講談社コミックス（ＫＣ）の単行本が全16巻で６００万部を超えた。

「週刊少年ジャンプ」との熾烈な闘い

昭和50年に入ると「週刊少年マガジン」は低迷期を脱し、毎号１００万部台を維持するようになった。梶原一騎以外にも実力ある漫画家がこの雑誌を舞台に定着して、自分の代表作となる作品を定着させていった。

松本零士の『男おいどん』は、作者自身の貧しい下宿生活を素材にしたナンセンスな〝私小説的〟漫画で、主人公の底抜けにおおらかな生活は、多くの読者の共感を誘った。牛次郎原作の『釘師サブやん』(ビッグ錠/漫画)は、パチンコ業界の裏を見せる職業ものの話題作であった。

また「週刊少年サンデー」から復帰した赤塚不二夫の『天才バカボン』も快調に飛ばした。表紙に登場して「みなさん! たいへんなのだ」と叫び、30ページの特集を組むこともあったし、担当編集者を作中に登場させ狂騒的な作品世界を展開することもあった。

矢口高雄の『釣りキチ三平』が連載開始早々に人気が高まった。水島新司の『野球狂の詩』は漫画の常識を破り、プロ野球に水原勇気という美少女の投手を登場させて話題になった。手塚治虫『三つ目が通る』、ジョージ秋山『デロリンマン』、ちばてつや『おれは鉄兵』などパワフルな作品が並んだ。

しかし「週刊少年マガジン」は強敵と対決を迫られていた。43年に創刊された「少年ジャンプ」(集英社。月2回刊)は新人を集めて市場に切り込んできた。創刊の翌年から週刊化、誌名を「週刊少年ジャンプ」と改めた。『ハレンチ学園』(永井豪)、『男一匹ガキ大将』(本宮ひろ志)など新鮮さが読者に受けて次々とヒットを飛ばしていた。

一方「週刊少年マガジン」は、53年(1978)1月8日号で創刊1000号を迎えた。部数は「マガジン」と「サンデー」が約150万部で拮抗していたが、49年に首位の座を奪った「ジャンプ」がさにらに伸びて、発行部数約200万部を達成していた。

「マガジン」編集部内には、すでに大家の域に達した漫画家の作品が並ぶ大艦巨砲主義への反省が生まれていた。同53年6月に第五代目編集長に就任した三樹創作は、新人漫画家の起用に積極的だった。「少年マガジン新人漫画賞」を活性化し、新人の発掘に努めた。

この賞の受賞者の中に『格闘三兄弟』の小林まことがいた。編集者がこの才能に着目し『1・2の三四郎』をスタートさせた。同じ高校に格闘部を作った3人とマネージャーの少女が織りなすラブコメディで、梶原の〝熱血〟や〝根性〟は売り物にせず、逆に梶原作品のパロディキャラクターが登場した。この新鮮さが受けて連載は4年間続いた。

このころ、『あした天気になあれ』(ちばてつや)、『コータローまかりとおる!』(蛭田達也)などの主力作品に加え、高校生向けのほのぼのとしたラブコメディ『翔んだカップル』(柳沢きみお)が並ぶ。三樹はこれらの作品の軽快なタッチを重視し、従来の作品からの方向転換を図った。小林まこと以降、しげの秀一、楠みちはる、塀内夏子など後に大家と呼ばれる新人が年に2、3人ずつ出た。それが伸び始めのきっかけで、「ジャンプ」には及ばないものの、部数落ちを止めて180万部くらいまで伸びた。

芸能関係の「女の子企画」にも力を入れ、読者投票によるオーディション「ミスマガジン」企画を始めた。これらの企画は写真集と連動し、伊藤麻衣子(後にいとうまいこ)、斎藤由貴、高岡早紀らをはじめとするアイドルを次々と誕生させた。

少年漫画週刊誌はその後も止まるところを知らない発展を遂げ、「週刊少年ジャンプ」は平成7年（1995）についに653万部という未曽有の発行部数を記録した。しかしそれから2年後の平成9年7月、「マガジン」が「ジャンプ」の部数にほぼ並んだ。4年間トップを独走していた「ジャンプ」が失速し、「マガジン」が失地回復したこの変化は、少年漫画誌市場の政権交代と伝えられた。「マガジン」が頂点に立ったのはこの年11月で同月1日発売の「ジャンプ」は407万部。5日発売の「マガジン」は415万部で頂点に立った。この当時の「マガジン」誌上では『金田一少年の事件簿』（天樹征丸、金成陽三郎／原作・さとうふみや／漫画）や『GTO』（藤沢とおる）などが人気を集めていた。「週刊少年マガジン」が最高発行部数を記録したのは、平成10年5月13・20日合併号と同年8月19・26日合併号の450万部で、これを上回る数字はその後記録されていない。

平成10年以降、少年漫画週刊誌は軒並み不振であり、その理由については、携帯電話やパソコン、さらにはスマートフォンのように通信手段の革新によるメディア受容の変化、あるいはそれに伴う通信費の増加で雑誌を購入する費用の削減、あるいは娯楽の多様化で、人気漫画が話題の中心となることが少なくなったなど、さまざまの理由が挙げられる。全国どこでも『巨人の星』や『あしたのジョー』が話題になったような時代はもはや望むことはできないが、作り手のメッセージを読者にいかにして到達させるかという永遠のテーマを求めて、編集者の熱い戦いはいまも続いている。

第四章　アニメ版『あしたのジョー』をめぐる熱いドラマ

『あしたのジョー』のドラマはテレビアニメを通じても語り継がれている。原作の漫画には直接ふれていないが、アニメによってこのドラマを身近に感じている人も年々増えている。テレビでも繰り返し放映され、DVD化されてより身近になっている。(平成27年3月からは『あしたのジョー2』がCSテレ朝チャンネル2で放映された)。

しかし原作は同じでも、1と2があるテレビの『あしたのジョー』はそれぞれ制作、脚本、作画、装置、音楽、声の出演などに才能を結集して作られた。『永遠に愛される2つの『あしたのジョー』はどのようにして世に送られたのか。作品の陰の人間ドラマを追ってみる。

ストーリーが原作に追いついた『あしたのジョー1』

テレビアニメの「あしたのジョー」は2種類ある。最初が虫プロダクションで制作され、昭和45年4月1日~同46年9月29日までフジテレビで放映された全79話の『あしたのジョー』で、本書では便宜上これを『あしたのジョー1』と呼ぶことにする。

もうひとつが東京ムービー(現トムス・エンタテインメント)制作で、昭和55年10月13

日〜同56年8月31日まで日本テレビ放送網で放映されたシリーズでこちらは画面上でも『あしたのジョー2』と2がつけられていた。

　まず『あしたのジョー1』について、チーフディレクターの出崎統は後に次のように語っている。

「『あしたのジョー』は、虫プロがつくった手塚作品以外でははじめてのものでした。そういう点では、初の試みとして、スタッフみんながはりきったんです。みんな20代のスタッフで、短期間につくる必要があったため、徹夜つづきでしたね。いま考えると、あんなファイトがどこから出てきたんだろうと思うくらいなんです。それだけに、私をはじめスタッフの一人ひとりが、若いころ、いい仕事をした思い出として残っていると思います。みんなガムシャラで、映画からのテクニックもずいぶんいただきました。途中、ちばさんが病気になられて、テレビのほうの話が原作に追いついちゃいましてね。たしか、カーロスの登場するところでした。最終回で、ジョーを旅立たせたのは、あとへつづくだろうというスタッフの含みだったんですよ」。

　作画監督の杉野昭夫は語る。

「わたしは、ジョーを中心にしたキャラクター設定がおもな仕事だったんです。ジョーの顔は原画とは違っているという指摘をうけるのですが、ちばさん自身のジョーも、力石と戦った前後にやっとかたまったみたいですね。わたしとしては、そのころのジョーの顔のイメージをいただいたつもりです。それにしても思い出されるのは、きびしかったスケジュールですね。５日連続で徹夜したことがあるんですよ。ジョーと同じで、つくる側もハングリーだったからこそ、あれだけのものがつくれたんだと思います。いま再びやれといわれて、あれだけの情熱でつくれるだろうか、と当時のスタッフと会うたびに語り合うんです」。

そして、作画監督の金山明博がキャラクター設定について語る。

「杉野さんがジョーを私が力石を設定しました。力石は個性のある顔ですから、ジョーよりも作画はしやすかったといえます。力石の減量のシーンなどはちょっと凝りました。凝りすぎたという人もいましたけど、自分ではよかったと思っていますが、どうでしょうか。カーロスは放映の始まる少し前に原作に登場してきたのです。原作でちりぢりの毛髪はアニメシーンでは使えないので、毛髪のかたちはあのように変えました」。

『あしたのジョー1』では声の出演者は次の通りである。

矢吹丈＝ジャニーズ解散後、俳優として転身を図っていたあおい輝彦、丹下段平＝悪役が多かった藤岡重慶、これがアテレコ初出演だった。サチ＝深夜放送で人気があった白石冬美、力石徹＝俳優の仲村秀生、カーロス・リベラ＝外国映画の吹き替えが多かった広川太一郎、白木葉子＝西沢和子（第34話〜第44話、恵比寿まさ子）、林紀子＝小沢かおる、などである。

寺山修司とボクシングの深い関わり

「サウンドバックに／浮かんで消える／憎いあんちくしょうの／顔めがけ／たたけ！　たたけ！　たたけ！（略）あしたはどっちだ」のテーマソング（寺山修司／作詞・八木正生／作曲・尾藤イサオ／歌）もなつかしい。

作曲の八木正生はジャズ出身で多くの映画音楽も手がけた。彼は作曲に際して「ハングリーの中にも寂寥感を持つジョーをイメージした。けっしてスポ根もののジョーではなかった」と語っている。

歌い手の尾藤イサオはグループサウンズ出身だが、その前にもロックミュージシャンとしてLPを出しており、日本のロック音楽の隠れたパイオニア的存在と言える。音楽の八木によれば、歌手を決めるに当たり30人くらいの歌手のテープやレコードを聴いたが、尾藤イサオにしたのは彼の歌声にある寂寥感を認めたからだという。なお歌の中盤の「ルルルル……」の部分は尾藤のアドリブから正式に採用されたという。

ところで作詞の寺山修司は、当時すでに相当なボクシングファンとして知られていた。小説「ああ、荒野」ではボクサーを主役にしているし、作品や発言の中ではボクシングを「血と涙のブルース」と捉えている。寺山自身、少年時代にボクシングを習っていたと回想もしているが、彼の出身校である県立青森高校の後輩でその生き方を丹念に追跡し「虚人寺山修司」を書いた田澤拓也（ノンフィクション作家）の考証ではそんな事実はないという。だが、上京して創作で生きていく生活に入ってからボクシングは寺山にとって身近で創作欲をかき立てる対象となっていった。

寺山が新進の映画監督須川栄三に勧められて初めて書いた映画シナリオ「十九歳のブルース」はこんな話であった。

ボクサー志望で暴力団にいる庄司という青年が、金ほしさに他人の罪を引き受けて刑務所に入る。2年後出所してくるが、ふとしたはずみでひとりの青年を殴り殺してしまう。翌日の試合で八百長のＫＯ負けを拒否して、庄司は〝反則負け〟となり、再び刑事に連行されるシーンで終りになる。

この作品はあまりにもイメージが先行し過ぎるが、何か映画界に新しさをもたらす可能性が評価され、まず雑誌「シナリオ」に掲載されたが、監督の須川に原型をとどめないくらい書き直された。

須川は当時、大藪春彦原作の「野獣死すべし」で才能が認められていた。しかし、「十九歳のブルース」は映画化されなかった。寺山は不満だったがしかしボクシングに対する寺山の思い入れは強まる一方だった。

寺山は昭和37年春に結婚式を挙げた翌日、大阪で行われた東洋ミドル級タイトルマッチを観戦するため、まだ新幹線がない時代、飛行機を利用している。この頃に初めて会ったイラストレーターの横尾忠則に寺山は、ボクシングについて熱っぽく語ったが、前出の「血と汗のブルース」という形容はその席で出たものという。

寺山が新婚時代に住んだ永福町の家には、史上最年少の19歳で世界フライ級チャンピアンになったファイティング原田がよく遊びに来た。原田は学芸大学の笹崎ジムからやってきたが、口が重くあまり話さない寺山といると、ふしぎに心の通い合いを感じたという。

『あしたのジョー1』にはサブテーマが2曲あった。「力石徹のテーマ」(寺山修司/作詞・八木正生/作曲)と「ジョーの子守唄」(高森朝雄/作詞・八木正生/作曲・小池朝雄/歌)である。「ジョーの子守唄」を歌った小池朝雄は新劇出身で、テレビ映画「刑事コロンボ」の吹き替えが話題になった。「昨日はぐれた狼が/今日はマットで血を流し/あしたを目指して立ち上がる……」という歌い出しでエンディングに歌われた。この歌声から当時を思い出す人は多いが、なぜか途中でエンディングは「力石徹のテーマ」に代わった。その理由は関係者でも不明という。

このほか「あしたのジョー」(寺山修司/作詞・田中未知/作曲・穂口雄右/編曲・清水保男/歌)と「力石徹のブルース」(東由多加/作詞・下田逸郎/作曲・由木孝三郎/編曲・深水龍作/歌)があるが、これらはテレビとは関係なくキングレコードで制作された。ちなみに「あしたのジョー」の作曲者、田中未知は寺山率いる劇団「天井桟敷」以来、彼の傍らにあり、劇団員カルメン・マキの歌った「時には母のない子のように」を作曲し大ヒットさせせた。東由多加も学生時代から寺山の著作に親しみ上京して活動に加わり、後に東京キッドブラザーズを組織した。

このように『あしたのジョー』の周辺からは寺山修司のオーラが色濃く感じられる。なおテーマ曲はキングレコード以外にも東芝、ビクター、テイチクほかの各社でも競作となった。ただし各社とも同じ詞、曲、歌手での競作であった。

原作にないラストシーン

『あしたのジョー1』はテレビアニメのカラー化が始まった初期の作品であるが、画面が黄色や赤に染め上げられるなどカラーを大胆に生かした色使いで、ジョーたちの心情が豊かに表現された。ここで全79話のタイトルを総覧しておく。

第1話「あれが野獣の眼だ！」　第3話「けものよ牙をむけ」　第6話「燃えろ左ジャブ」
第2話「四角いジャングルに生きろ」　第4話「熱きこぶしに涙をながせ」　第7和「狼を裁くな！」
第5話「あしたのために（その1）」　第8話「東光特等少年院」

第9話「奴の名は力石徹！」
第10話「赤い夕陽に吠えろ！」
第11話「地獄の底で燃えろ」
第12話「燃える太陽に叫べ」
第13話「宿命のリングに立て」
第14話「ＫＯゴングはまだか！」
第15話「白いマットの子守唄」
第16話「裏切りの落日」
第17話「嵐の中に一人」
第18話「悲しきリングロープ」
第19話「恐怖のレバーブロー」
第20話「傷だらけの勝利」
第21話「栄光ある小さな勝負」
第22話「まぼろしの力石徹」
第23話「あばよ少年院」
第24話「帰ってきたドヤ街」
第25話「野良犬の掟」
第26話「絶望のライセンス」
第27話「明日に架ける橋」
第28話「栄光への賭け」
第29話「明日への挑戦」
第30話「試練のプロテスト」
第31話「翔けプロボクサー」
第32話「輝くリングへの道」
第33話「初勝利バンザイ」
第34話「ボクサー志願」
第35話「ガンバレ！西」
第36話「キバをむいた
ウルフ金串」
第37話「怒りの大特訓」
第38話「史上最大の六回戦」
第39話「勝利のトリプルクロス」
第40話「白銀に誓う」
第41話「力石徹の挑戦」
第42話「男の世界」
第43話「残酷なる減量」
第44回「苦闘！力石徹」
第45話「打倒！力石への
スウェイバック」
第46話「死を賭けた男」
第47話「嵐の前のふたり」
第48話「宿命の対決」
第49話「果てしなき死闘」
第50話「闘いの終り」
第51話「燃えつきた命」
第52話「さらば力石徹」
第53話「憎いあんちくしょう」
第54話「哀しみの十点鐘」
第55話「さすらいのバラード」
第56話「よみがえった狼」
第57話「傷ついた野獣」
第58回「勝利のボディブロー」
第59話「しのびよる黒い影」
第60話「激闘のスパーリング」
第61話「投げられたタオル」
第62話「生きていた力石徹」
第63話「最後の挑戦」
第64話「カーロス登場」
第65話「リングある限り」
第66話「明日への旅立ち」

第67話「小さな冒険旅行」
第68話「仕組まれた八百長」
第69話「牧場の子守唄」
第70話「気になるあいつ」
第71話「無冠の帝王カーロス」
第72話「帰れ輝くリングへ」
第73話「よみがえるクロスカウンター」
第74話「今日からの出発」
第75話「リングの魔術師カーロス」
第76話「燃える挑戦状」
第77話「男の闘い」
第78話「死闘！カーロス対矢吹丈」
第79話「燃えろ遠く輝ける明日に！」

『あしたのジョー1』の終りは原作と遠く離れてしまった。理由はテレビが原作に追いついてしまい、何らかの形で終止符を打たざるを得なくなったからである。第79話はそんなスタッフの苦悩が伝わってくるようなストーリー運びである。

ジョーとカーロスはリング上で激しく打ち合い、ダウンを奪い合い、ついにふたりとも意識を失いマット上に倒れ伏す。観客は熱狂し、白木葉子は「力石に今日の試合を見せたかった」と言う。カーロスも満足して、ジョーはいつまでも心の中に生きていると言い残して帰った。

ドヤ街では祝宴の準備が進められていたが、ジョーは帰ってこなかった。置手紙を葉子に託し、再び旅に出たのである。段平はきっと帰って来ると、ジョーのあしたを信じるのだった。

なぜ第二作は虫プロから東京ムービーへ移ったのか

虫プロは手塚治虫が最初から抱いていたアニメ制作の意志を具現化した集団で、昭和36年（1961）年に設立された。

昭和38年には手塚原作の『鉄腕アトム』、40年には『ジャングル大帝』のテレビ放映で、最盛期には400人以上のスタッフを抱え、虫プロは老舗の東映動画に迫るプロダクションに成長した。だがそれ以降、社員アニメーターの給与高騰や、手塚の作品至上主義による製作遅延などでの経営悪化、さらに手塚作品の人気伸び悩み、人気キャラクター減少による版権収入の低迷、労働争議の紛糾などが重なり、『あしたのジョー1』が製作されていた昭和45年頃、虫プロはいつ倒産してもおかしくない状態であった。

そんな頃に経営に参加してきて、しだいに手塚と相反する方向に辣腕を振い始めたのが、後に『宇宙戦艦ヤマト』の総合プロデューサーとなった西崎義展であった。西崎の野望と手塚との反目は「宇宙戦艦ヤマトをつくった男　西崎義展の狂気」（牧村康正＋山田哲久）に描かれている。

虫プロは昭和48年11月に倒産した。漫画の神様だった手塚治虫は一転して債権者の罵声を浴びる立場に追いやられたが、漫画一筋に精根傾ける生活に戻り、『ブラック・ジャック』

などの名作を生み、平成元年（１９８９）に50歳の生涯を終えた。

『あしたのジョー』のアニメ化は、虫プロから東京ムービーに移された。株式会社東京ムービーが発足したのは昭和39年８月、社長は後に三協映画に参加して梶原一騎と深く関わる藤岡豊であった。当初ＴＢＳが手塚治虫原作の『ビッグＸ』のアニメ化のプランを持ちかけ、それに対応してアニメーターを募集して会社の陣容を整えたという。

しかし『ビッグＸ』の放映開始後、財政面が悪化し、39年12月には経営母体が国際放映に移った。制作面で中心となったのは東映動画の出身者であった。

東京ムービーを活気づかせたのは昭和40年、『オバケのＱ太郎』の大ヒットで、以後『パーマン』『怪物くん』『ムーミン』などテレビのお茶の間アニメ路線が確立した。

また昭和43年の『巨人の星』を皮切りに『エースをねらえ！』『アタックＮｏ・１』のスポ根路線、『天才バカボン』など、漫画誌連載作品のアニメ化は東京ムービーに集中した感があった。

この『エースをねらえ！』は旧虫プロにいた出崎統の演出であった。当時、東京ムービーで活躍した演出家、アニメーターは東映動画系列と虫プロ系列が目立っていた。

昭和49年、東京ムービーの製作本数は５本に達し、最盛期を迎えたが、経理面では苦境に立たされた。作品数が増えると人件費もかかるというジレンマに陥ったのである。

ところが翌50年には製作本数が急減した。この時期は全体にアニメ作品が後退し、実写やショーの人気が高まっていた。

昭和51年春には国際放映が経営を放棄、社長を退いて営業部長をつとめていた藤岡豊が社長に復帰した。

昭和54年には出崎、杉野コンビによる劇場用長編アニメ『エースをねらえ!』がヒット、マルチ方式による大人まんが『がんばれ!! タブチくん』、暮には正月用作品として『ルパン三世・カリオストロの城』も公開された。

さて昭和55年3月、東京ムービー社内で『あしたのジョー2』のプランが浮上した。これは、この時期にくり返し再放映された『あしたのジョー1』の高視聴率や、それを再編集した劇場用アニメのヒット、そして日本テレビのアンケート調査によるジョーの人気という三つの要因が重なったためである。

その後何度も会議が持たれ、5月には秋の新番組としてスタートすることが決定した。会議には原作者の高森朝雄、ちばてつや、日本テレビ、東京ムービーのスタッフが出席した。決定と同時に細部にわたって設定段階に移った(6月)。

原作のちばてつやの漫画を作画監督の杉野昭夫がアニメ用のキャラクターにアレンジ、背景となる舞台や小道具を絵にする作業も進められた。

その一方で脚本が書かれ、それを基にして視覚化する作業、つまり演出プランが練られる。

演出プランにしたがって作成された絵コンテから原画が作られ、さらに動画のもととなるセル画へ、そして彩色、撮影、アフレコというのがアニメが完成するまでのプロセスだが、新しい『あしたのジョー』が一作出来上がるまでに東京ムービーでは、約85人の人員と約2ヶ月の日数をかけたという。また、『あしたのジョー2』は通常の30分ものよりも音響効果に時間を要したといわれている。

今度はまっ白に燃え尽きるまでやるのか

東京ムービーにおける『あしたのジョー2』と取り組んだスタッフの中心はCD（チーフディレクター）出崎統、作画監督、杉野昭夫というパート1と同じ人物がスタッフの中心だった。また前回とは違い、原作はすでに完結している。それだけに今回はどう撮るのかという興味が制作が発表された時から高まっていた。「今度はあの真っ白に燃え尽きるシーンまでやるのか」が、それら疑問と期待の焦点であった。雑誌「アニメージュ」昭和55年10月号は「キミのための新しいジョーの『10』の情報」を特集しているが、その中からキーマンの発言を引用させていただく。

プロデューサーの高橋靖二は〝アソコ〟（燃え尽きるシーン）まで描かなければパート

2をやる意味がないと言い、次のように語る。

「テーマは青春を灰にした男、ジョーの姿を描くことだと思っているんです。ドラマの中心はジョーと葉子の男と女のドラマになります。それも、安っぽい〝愛〟を描くわけじゃない。(中略)原作通りに描くというのが基本ですが、その中で、ぜひ、葉子の性格を浮きぼりにしてみたいですね」。

　CDの出崎統によれば、前作のとき、フジテレビでは力石の死を昭和46年の1月上旬と考えていたという。それがファンの〝助命嘆願〟により2ヶ月後の3月17日まで延びたという。そこで出崎は、ジョーが親友である力石の死をどう乗り越えるかが大きなテーマになるという。

「ストーリーとしては力石が死ぬところから始まりますが、ジョーの回想として、〝あの力石との死闘〟も描きますしね。さらに葉子なんですが、じつをいうと、力石は葉子の中に生きている。葉子の中では力石が〝主人公〟だったんですけど、途中からジョーが主人公になってくる。つまり彼女は最初は力石が死んだ事実と戦う。けど生きる希望はジョーになるんです。だから、ホセ・メンドーサ戦の前の、葉子の告白もぼくにはじつに自然にうけとめられる。この物語は、結局力石を軸としたジョーと葉子の話だという気がしますね」。

　ところでパート2を原作通りに進めていくと、前作とのダブりが出てくるが、それをどう解消したのか。

今回の『あしたのジョー』は、力石を殺してしまったジョーが泪橋に現れるシーンから始まる。これは前作の第56話「よみがえった狼」に相当する話だ。とすると、まともに原作通りにやっていくと、カーロス戦までを描いた23話分がダブってしまう。そこでどうしたか。出崎は語る。

「ドサ回りの部分は、はぶきます。まともにゆくと、ものすごく暗い話になりすぎますからね。それと、パート1のとき、じつをいうと、カーロス戦がどうなるのかという話は〝省きながら〟やっていた。つまり原作を追いこしちゃったんですよね。それに、原作の最後でパンチ・ドランカーになったカーロスが出てきたけど、ぼくははじめて彼を〝すてきなやつ〟だと感じた。当然、今回の〝カーロス戦〟は違った描き方になりますね。とにかく、この話は、テーマが最後になってはっきりしてきましたから、細かい部分で、いろいろ微妙に描き方がちがってくると思います」。

作画監督としては、十年という時間を隔てて同じキャラが描けるか。杉野昭夫は語る。

「『前作に近く』と局には注文されたんだけど、描こうと思っても描けない。前のジョーの気持ちになれというほうがムリですよ。（笑）。随分、稚拙な部分があったし、たとえば、ジョーでいうと、昔は、髪の毛のふくらみが計算できなかった。だから、頭の毛の感じが少し、オカシイ。全体のことでいうと、全員、顔を少し長くして、意識的に大人っぽくしてみました。葉子ですか？　すきですね。気のつよいところが、自分にはないところがあるし……ぼく、女っぽくない女がすきだから。紀子とくらべてですか？　紀子はあたりまえすぎるから。葉子のほうがすきだな（笑）。ジョーはもちろんすきです。原作には惚れこんでいますしね。ジョーのすきなところは……自分のことしか考えていない〝一匹狼〟というところ。ぼく、アニメーターもあいうふうに生きられたらと思っているんです」。

このように前作終了から10年、原作連載終了から7年半経過しての満を持してのパート2だけにストーリー、キャラクター共に、より整理され昇華され描かれた。

原作の隠れた人気キャラ、ゴロマキ権藤の登場も増え、ジョーとの精神的つながりが増し、プロになって最初のライバル、ウルフ金串はジョーに借金をし、雲隠れするという人間味を見せ（ホセ戦の前に無事返済）、原作にはない世界前哨戦が挟まれるなど、実際のボクシングに合わせた演出でリアリティも増した、きわめて完成度の高い作品となったのである。

やはり主題歌は時代を体現していた

『あしたのジョー2』における声の出演者は前作とほとんど同じであった。かわったのは白木葉子役と林紀子役である。白木葉子については作品で重要な位置を占めるため、今までにないフレッシュな個性を求めて、プロ、アマを問わず広く公募が行われた。

「15歳から30歳までの美しく清楚な声の持主」を条件に行われた公募で残った20人が、昭和55年8月23日、日本テレビ会議室で行われた最終選考に臨んだ。

審査委員長は原作者の梶原一騎で日本テレビ、東京ムービーのスタッフが審査に当り、同点で最後に残ったのが田中エミ（21歳・女優歴2年半）と森脇恵（20歳・桐朋学園短大演劇科）の二人であった。

いずれも甲乙つけがたしという審査員の意見で、白木葉子役に田中エミ、後日、林紀子役に森脇恵が決定した。

『あしたのジョー2』の主題歌は、「見上げれば星のように……」で始まる「傷だらけの栄光」（荒木一郎／作詞・作曲・おぼたけし／歌）である。

荒木一郎は昭和42年から始めたDJ番組「星に歌おう」のテーマソング「空に星があるように」が大ヒットし、続いて「今夜は踊ろう」や「いとしのマックス」がミリオン・セラーとなり一躍スタースターダムにのし上がった。さらに歌手・作詞・作曲以外の分野でも映画俳優として活躍していた。少し後になると小説「ありんこアフター・ダーク」（直木賞候補）や劇画作家としても活躍した。

『あしたのジョー2』の主題歌を引き受けるにあって、荒木一郎は次のようなコメントを残している。

「依頼されて、即ＯＫでした。ボクのキャラクターを買って依頼された仕事に応えていくのが、ボクの生きがいですからね。ジョーは連載の時からの大ファン。ジョーの魅力は、いろいろあるけれど、〝純〟なところ。この偽善でないところがすきです。ボク自身もある時期から偽善では生きられなくなりましたからね(笑)。とにかく、ジョーの生き方には、ものすごく共鳴できる部分があります」。

このコメントのうち、「ぼく自身もある時期から偽善では生きられなくなりましたからね」と韜晦《とうかい》しているような個所があるが、そこに来て、当時の人たちは必ず一連の事件を思い起こしたであろう。

「いとしのマックス」でスターダムにのし上がった頃、荒木一郎はバンドマンや別のグループのマネージャーを殴るという不祥事を起こした。しかし当時、略奪に近い形と言われながら結婚した某女優の間に子供をもうけていた。その矢先、昭和44年2月、荒木は女優志願の女子高生への猥褻容疑で逮捕されてしまう。21日間の拘留の後、釈放され、最終的には不起訴の正式処分が下るが、妻は子供を連れて家を出て、そのまま離婚。荒木は芸能界から事実上の追放状態になった。

この間の事情を当時「週刊女性自身」編集部にいた私はよく知っていた。自分では担当していないが、芸能班が荒木の母親で文学座の女優の荒木道子や、父親でプロレタリア文学評論家の菊池章一を追いかけていたのを記憶している。『あしたのジョー』の連載が始まった頃である。それから11年、荒木一郎は復活していた。それも、人の噂も75日を過ぎたからといった、世間のご赦免的な復活ではなく堂々たる存在感を持った復活であり、アニメのファンにしてみれば、ジョーが生きた時代の雰囲気を身に着けたおじさんが現れたと思ったかも知れない。

面白いことに『あしたのジョー1』の主題歌を作詞した寺山修司も、スキャンダルと縁があった。デビューした頃には、短歌やラジオドラマの脚本が盗作疑惑にさらされ、晩年には民家をのぞき見したという不可解な行動が話題になった。

この奇妙な一致をどう考えたらよいのか。スキャンダルとは、その当事者が余りにも時代に密着しすぎる、すなわち〝時代と寝すぎる〟ところから発生するのではないか。そう考えると、アニメ『あしたのジョー』のパート1もパート2も、ともに時代と共存しすぎるほど共存した人間に主題歌を作らせたことは正解であったと思えてくる。

画面に時代の情念をこめるということ

実は私に、荒木一郎の存在をあらためて教えてくれた本がある。フランス文学者で「職業別パリ風俗」「愛書狂」をはじめ多数の著作がある鹿島茂が書いた「昭和怪優伝　かえってきた昭和脇役映画館」で、その始まりが「不器用な愛　荒木一郎」なのである。ここには『あしたのジョー』主題歌の話もミュージシャン時代の荒木も登場しない。彼は映画「893（ヤクザ）愚連隊」（昭和41年・中島貞夫監督）でサングラスの似合うチンピラヤクザとして登場した時の強烈な印象から書き始められる。それ以後、鹿島は「温泉こんにゃく芸者」「現代やくざ　血桜三兄弟」「ポルノの女王　にっぽんSEX旅行」などB級映画の荒木を高く評価してこう書く。「荒木一郎、その第三人格の本質は『男の優しさ』なのである。」

これらの映画は、前出の不祥事で荒木が芸能界を追放されていた時期と重なるが鹿島によれば、「皮肉なことに、このスキャンダルが荒木の芸域をいっきに広げることになる。日本の映画界では、彼以外ではだれにも出来ない役柄、すなわち気が弱く、ドジでマヌケ猥褻犯といった類いの、現実のスキャンダル路線を逆手に取った役柄が次々と舞い込み、荒木一郎は1970年代初頭から、主に東映のB級プログラムで、したたかに、そしてしなやかに蘇えるのである。」

この時期は『あしたのジョー』が連載され、最初にアニメ化された時期と重なる。『あしたのジョー2』の主題歌の作詞・作曲を引き受けた時の荒木からは、このような時期のイメージは払拭されていた。しかし、本人の内側では何か開き直ったようなエネルギーが鬱積し、それが「負け犬の辛さがある　裏切りの棘がささる」や、「みせかけの友情よりも　むしろ別れの寒さがいいさ」のようなフレーズに結晶したのではないだろうか。

ところで「昭和怪優伝」はなかなか面白い本である。荒木一郎のほかにジェリー藤尾、岸田森《しん》、天知茂、三原葉子、川地民夫、芹明香などの人々が取り上げられ、映画史には登場しない事実や、独自な視角からの捉え方を知らされてなかなか面白かったのだが、私が最も興味を持ったのは著者がなぜ年間400本近く、それもB級映画ばかりを観るようになったかを記した「開館の辞」のところであった。アニメの話から離れるが、『あしたのジョー』の時代とは関連するようなので、もう少し紹介を続けたい。

時代は昭和47年（1972）、『あしたのジョー』では、ジョーが金竜飛を下して東洋バンタム級王者となり、世界王座が視野に入ってきた時期である。この年の3月には連合赤軍事件が明らかになった。

私が当時、何をしながら時代を傍観していたかは第二章に書いたが、鹿島茂は東大仏文科の学生だった。全共闘運動と直接コミットしていなかったにもかかわらず、左翼的幻想がいっきに崩れ、呆然と立ちつくしたという。

「リンチ事件が明るみに出て以来、なにをする気もおこってこなかった。本棚に並んだ左翼文献は、真面目なものであればあるだけ、同志殺戮を教唆《きょうさ》する殺人指南書としか思えない。それではと、非左翼文献を手に取っても、内容はまったく頭に入ってこないのである。」

鹿島はこの年に受験した大学院入試に失敗し、キャンパスで疎外感を味わった。学内では昭和44年度の入試中止によって彼の次の学年の学生はいない。何とも宙ぶらりんな気持ちでいた鹿島は、映画館の暗闇に身を潜めるようになったという。彼にとってB、C級と言われる日本映画を観続けることは一種の自虐的快感であったが、その行為が生来のコレクター的情熱に火をつけ、それから研究の道に進んだ以後も映画館通いは続き、気がつけば、１９６５年から75年にかけて制作された東映と日活のほとんどのプログラムピクチャーを観たという。

鹿島茂のこのような体験に接して、私たちは忘れていた一つの事実に思い当る。『あしたのジョー』が連載されていた時代には、まだ都会の各地に土地に密着した映画館が残っていた。

そこではロードショーから外れた定番のプログラムピクチャーが上映されていた。現在のシネコン全盛から見ると、想像できない都市のサブカルチャーゾーンであった。

それがアニメ『あしたのジョー２』が製作された時代にはすっかり様変りしていた。ビデオの普及により、ビデオ化された劇映画が家庭で見られるようになり、アニメはアニメで別の観客層を形成されるようになったのである。２つのアニメ『あしたのジョー』はこの端境期に存在した。

アニメが持つ永遠の強さ

アニメ『あしたのジョー2』は昭和55年10月13日から56年8月31日まで日本テレビで放映された。全47話のタイトルを以下に掲げる。

第1話「そして帰ってきた…」
第2話「男一匹花一輪…リングに賭けた」
第3話「地獄からの使者…矢吹丈」
第4話「その時、十点鐘は鳴った」
第5話「幻の…あのテンプルを撃て！」
第6話「吠えろ…噛ませ犬」
第7話「さまよえる…野獣のように」
第8話「あいつが…燃える男カーロス」
第9話「そして…野獣は甦った」
第10話「クリスマスイブ…その贈り物は」
第11話「死闘の始まり…カーロスVSジョー」
第12話「吹雪の夜…果てしなき戦い」
第13話「丹下ジムは…不滅です」
第14話「どこにある…ジョーの青春」
第15話「誰のために…必殺のラッシュ」
第16話「速い照準か…世界への道」
第17話「姿を見せた…大いなる標的」
第18話「あのナックルが…烙印のメッセージ」
第19話「戦うコンピューター…金竜飛」
第20話「俺のバンタム…減量への挑戦」
第21話「力石の…唄が聞こえる」
第22話「そして計量の朝」
第23話「燃える野獣と氷」
第24話「ゴングが鳴った…悪魔のリング」
第25話「第6ラウンド…奇跡が起こった」
第26話「チャンピオン…そして、敗者の栄光」

第27話「ボクシング…その鎮魂歌」
第28話「ホセがいる…ハワイへ」
第29話「初防衛なるか…矢吹丈」
第30話「偉大なるチャンピオン…ホセ」
第31話「Vサイン…その意味するものは」
第32話「さらば…古き愛しきものたち」
第33話「アメリカから来た13人目のキング!?」
第34話「カードと共に散った…あいつ」
第35話「チャンピオンは…ひとり」
第36話「葉子…新たなる企て」
第37話「野性児その名は…ハリマオ」
第38話「意外な訪問者…ゴロマキ権藤」
第39回「ジャングルに…野獣が二匹」
第40回「燃えるジョー…標的が近い」
第41回「ホセ来日…闘いの日はせまった!」
第42回「衝撃…葉子の予感」
第43回「ジョー・段平…二人の日々」
第44回「葉子…その愛」
第45回「ホセ対ジョー…闘いのゴングが鳴った」
第46回「凄絶…果てしなき死闘」
第47話「青春はいま…燃えつきた」

このテレビアニメが大詰めを迎えている昭和56年7月、劇場用アニメ『あしたのジョー2』が全国の東映系映画館で一斉公開された。制作は梶原一騎が設立した三協企画。前年3月に10年前のテレビアニメ『あしたのジョー1』を再編集して劇場公開したのが当たったので、その続編に位置したのだが、今回も興行成績はよかった。これを契機に梶原はさらに映画製作に奔走して、本業を逸脱していく経緯は次の第五章で触れる。

また、『あしたのジョー』の劇場用映画として実写版も作られている。古くは新国劇映

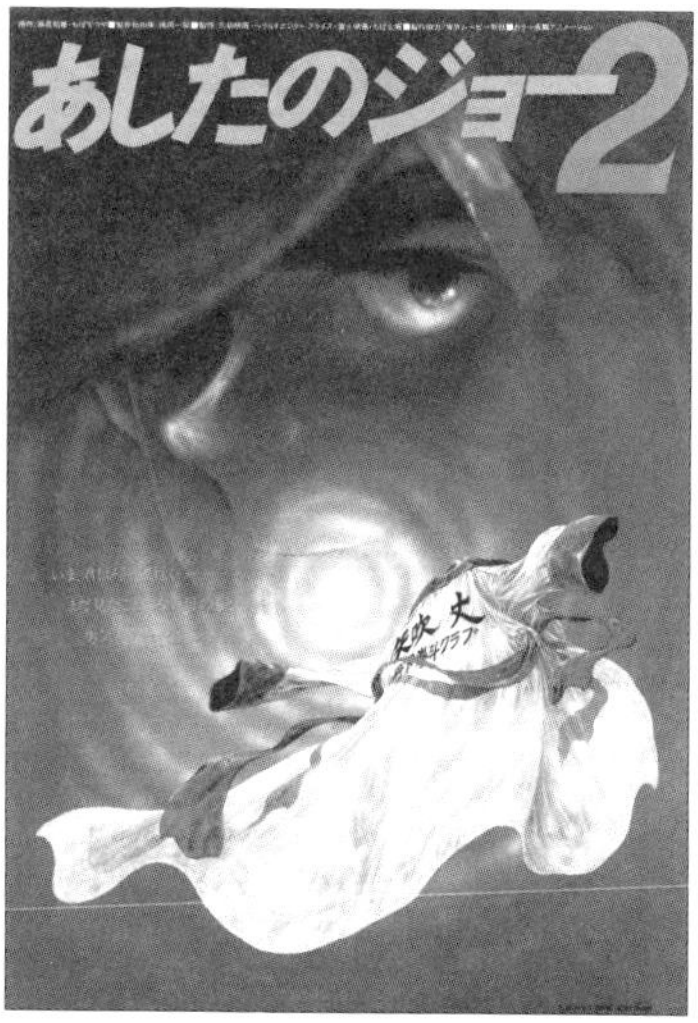

昭和56年、公開された劇場用アニメ
「あしたのジョー2」のポスター。

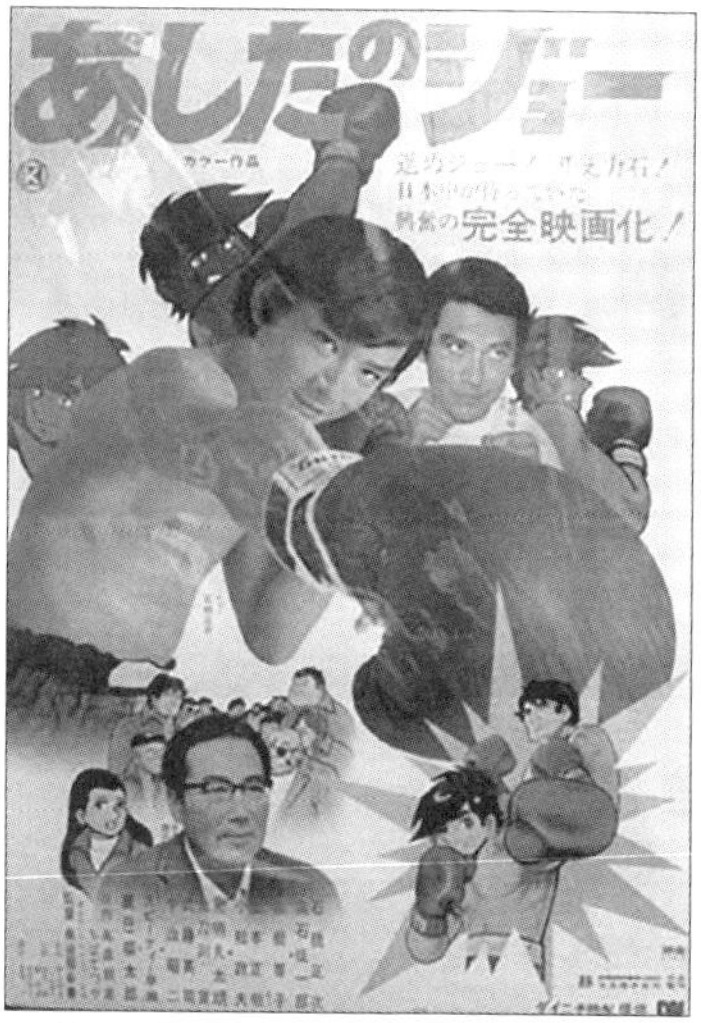

昭和45年公開の実写映画版のポスター。

シングル盤（エルムレコード）

LP盤（キングレコード）

『あしたのジョー』の主題歌も大ヒットし、レコードはメジャーからマイナーまで同じ音源で競作となった。

画作品、日活製作、ダイニチ映配配給で昭和45年7月に公開された。新しいところでは平成23年2月に東宝配給で『あしたのジョー』が公開された。ジョーに山下智久、力石に伊勢谷友介と若手の人気俳優を配し、段平が香川照之、白木葉子にモデル出身の香里奈という顔ぶれであった。監督はＴＢＳの曽利文彦。白木葉子がドヤ街の出身という隠れた過去が現れるなど、ストーリーに新しい工夫が見られ（脚本・篠崎絵里子）、一方では寺山修司作詞の主題歌のイントロを劇中に使い、アニメ作品との一体感を高めたりしたが、正直言ってそれほど印象に残る作品とは言えなかった。

これらに対してアニメ『あしたのジョー』が永遠性を保っているのはなぜか。この原作が生まれてからわずかの間に、アニメを日本の代表的エンタテインメント・コンテンツ産業に育て上げた人々が、他の作品にも増して創作意欲をジョーや力石をめぐる世界に注ぎ込んだ結果ではないか。

創造的な現場にいる誰もが、ジョーや力石や段平、白木葉子などをはじめ登場人物の一人ひとりに愛情を持ち、大事に育てていったのだと思う。そんな力の源泉はやはり原作の卓越性にあったことは言うまでもない。

ところで、虫プロに続き東京ムービーという社名もいま残っていない。名古屋に本社を置くアミューズメント関連産業のキョクイチが平成6年に東京ムービー新社を吸収合併し、平成12年からトムス・エンタテインメントを名のっているからだ。

第五章　原作者、梶原一騎の虚像と実像

多面的で変転きわまりない人物

『あしたのジョー』の原作者、高森朝雄を紹介するためにこの章を設けたのだが、高森朝雄とは『あしたのジョー』のほか、数作だけに使われた筆名で、他の作品のほとんどが梶原一騎の名で書かれており、その本名は高森朝樹（１９３６年〜１９８７年）であることをまず念頭に置き、文中では梶原一騎で通すことにして執筆に取りかかろうとしたのだが、それがいかに困難なことかを思い知らされた。まずその理由を挙げる。

第一は梶原一騎ほど自伝および近親者による証言的作品が多数ある作家は、日本には稀である。文章で書かれた自伝には「劇画一代」「男たちの星」「反逆世代への遺言」などがあり、劇画では生涯の総決算にするという意欲をこめて取り組んだが、未完の遺作となった『男の星座』のほかに、『空手バカ一代』のようにある時期の梶原が実名で登場する作品が少なくない。

また近親者が梶原を描いた作品も多数ある。結婚して離別し、また再婚した妻の高森篤子には、「妻の道　梶原一騎との二十五年」と「スタートは四畳半、卓袱台一つ　漫画原作者・梶原一騎物語」があり、実弟の真樹日佐夫（高森真士）には「兄貴梶原一騎の夢の残骸」がある。これに本書の第一、三章で紹介した講談社の内田勝や宮原照夫の証言は、すでに編集者の自伝の中で生きる梶原一騎である。

第二に梶原一騎ほど、「昭和」という時代の中で変転きわまりないイメージを形成した人物はいない。敗戦直後の混乱の中で少年期を過ごし、一時期を教護院で過ごした不幸な体験を持つ。青年期は東京下町の盛り場で喧嘩沙汰を起こしながらも文学に志を立てライターの道に入る。

そのあと『巨人の星』などの大ヒットで栄光の絶頂に駆け上る。豪邸に住み銀座で豪遊し、天下人の栄光をつかむ。しかし作品世界は行き詰まり、梶原の名はスキャンダルと結び付いて語られる。やがて再起のきっかけをつかもうとあがく中での無残な病死。しかし、それから四半世紀余りを経てなおも語り継がれるのは『巨人の星』『あしたのジョー』の原作者としての名前である。

考えてみると、梶原一騎が生きた昭和11年（1936）年から同62年（1987）は、日本が敗戦の荒廃からようやく経済成長へのきっかけを得た時期である。経済白書が「もはや戦後ではない」と言明した頃、彼は18歳。それから高度経済成長が始まる。

週刊誌ジャーナリズムがメディアの主流になり、従来の漫画の枠を破り、劇画というジャンルが確立された。漫画家とは別に劇画作家という職業ジャンルの需要ができた。出版という産業は大きな変革期を迎えたのである。後で考えれば、これはＩＴによる技術革新の波が、産業界にもたらした変革とどこかで共通するのかも知れない。従来の漫画のスタイルを破った劇画は、既成の枠組みを超えていきなり読者の心を捉えた技術革新ではなかったか。

『巨人の星』『あしたのジョー』などの作品が出現する以前のコミック誌の世界では、すでに大家と認められた漫画家を中心としたヒエラルキーが存在していた。それは小説における文壇と同じ構造で、頂点に立ったのが手塚治虫ではなかったか。産業界で言えば手塚治虫を中心とする世界が、経団連に相当すると言っては言い過ぎか。

手塚のこれまでの業績、世代を超えた芸術的評価が、漫画の枠を超えたお墨付きを得さしめたのではないか。

これに対して劇画は出自の保証がないベンチャー企業であった。芸術としての正当性も認められず、つまり基幹産業から遠い位置にあった。しかし人気作品は多数の読者を獲得し、掲載した雑誌のドル箱となっても本流として認めらなかった。漫画家はアーティストとして扱われても、劇画作家は大衆文学の作家の仲間入りを許されなかった。

いわゆる文壇主流を名門企業とする側から見れば、劇画作家はよく稼ぎはするが、何となく胡散臭いところがある新興ベンチャーであり、中小企業であった。梶原一騎はその代表選手であり、イメージシンボルとなる存在であった。

〝梶原一騎〟に似た人はたくさんいた

そういう観点から梶原一騎をズームアップしてみると、彼の背後に多くの〝彼に似た〟人たちを発見できる。梶原が名を成した日本の高度成長期であれば、新興実業家と呼ばれた人たちであり、その後に続くバブル経済の時代ではベンチャービジネスのヒーロー、IT長者と呼ばれた人たちである。

彼らには共通の行動パターンがあった。まず自分が主流でないことを公言し、あえて反主流の異端児であることを行動で示そうとする。社会的に認知されている証明を金銭的価値に求め、豪邸を新築したり一流とされる遊び場に出入りする。事業的な野心の拡張先を新規事業に求め、投資先を拡大、事業をコングロマリット化していく。しかし没落するのも早い。日本の産業史は、それはむしろ世相史に近いレベルのものであるが、いかに多くのベンチャー企業の英雄やIT長者の没落を見てきたことであろうか。彼らはみんな筆一本で原稿用紙を埋める作業で時代の寵児となった梶原一騎と同じパターンの人生を歩んだのである。

だが時代とともに忘れられた人たちとは異なり、梶原一騎だけがなぜ今日まで名を残しその業績が語り継がれるのか。

その答えは明快だ。彼が『巨人の星』と『あしたのジョー』という二大名作漫画の原作者であったからだ。もしこの作品がなかったら、他にあれほど多数の作品があっても梶原一騎の名は、単なる原作者としてよほどのコミック通の間でしか語り継がれることがなかったであろう。

この二作品の間には興味深い因果関係がある。『あしたのジョー』が「週刊少年マガジン」に連載されていたとき、すでに梶原は『巨人の星』の原作者として名前が知られていた。二作品が一誌に併載となったため『あしたのジョー』には高森朝雄名を使い、原作の創作過程では『巨人の星』ほど身が入らず、ちばてつやと編集者たちの創作力に負うところが多かったことは、すでに本書の第一章でふれた。

梶原一騎の名前を世に知らせ、並みの劇画作家から国民的英雄に近い立場まで引き上げたのはまさしく『巨人の星』の力であった。連載前に梶原が編集者の内田勝と語り合ってプロットに取り入れた父と子の関係は、星一徹と飛雄馬の関係としてスタート時点から作品中に具現化され、読者の心をつかんだ。この連載が終了した昭和46年12月、梶原は講談社の総合誌「現代」に「『巨人の星』わが告白的男性論」を執筆しているが、それは劇画作家の域を越えて国民的ヒーローを産出した男の揺るぎない自信に裏打ちされた文章である。

冒頭、梶原は5年前の昭和41年と5年後の現在の自画像を対比してみせる。5年前、東京の北のはずれ大泉学園町の敷地40坪足らずの建売住宅に3人目を妊娠していた妻と2人の女の子、そして6尺、20貫の《怒れる男》が暮らしていた。5年後、彼は同じ大泉学園だが、敷地200坪、建坪90坪もあり、家の掃除だけでもお手伝い2人を要するという邸宅に4人に増えた子供たちと暮らす。ガレージにはベンツとフィアットがあり、出版社やテレビ局の人たちで門前市をなす。駅前のタクシーも、あのなんとか御殿で通用するほどだ。

講談社の編集者たちとの間で展開された『巨人の星』誕生までのドラマは第三章で書いたが、梶原が特に強調したのが徹底的に男を描くことだった。

「男の中の男を——ただしスーパーマン的ヒーローじゃない。クールやドライなんてマネキンみたいな奴が男らしいみたいに錯覚されている世の中に、とことんホットでウエットな男を描く。いわゆるカッコよかないが、むしろカッコわるい試行錯誤の繰り返しの中から磨かれて底光りのする、真のカッコよさをガキ達に教えてやる」「主人公だけじゃない、すごいオヤジを描くぞ。クルマを撫でさすったり、喜々として日曜大工を一日中やらかしたり、軽々しく自分のガキたちと友人になったりは絶対しない、威厳のあるオヤジを！」

しかし実際にキャラクターを生み出すにあたって梶原は悩んだ。漫画の世界で一世を風靡しているスーパーマンや怪獣に対抗するにはどうするか。ちっとも巨大でもなく強くもカッコよくもない、地味にしか動かない主人公をどう活躍させせるか。梶原はガキ達にとってポピュラーな野球の世界を活躍の場とするついでに、その世界の最高人気チームたる巨人軍をかつぎ出した。実在の監督、選手たちを主人公に絡ませ、徹底的に架空の怪獣、スーパーマンと現実感で対抗させる肚だった。

『巨人の星』の連載開始後早々に読者を引き付けたのは、星一徹のキャラクターであった。かつて巨人軍に在籍した幻の選手が、妻に先立たれて陋屋に逼塞して肉体労働を続けながら、息子に魔球を投げる特訓を施す父親像は、まさしくマイホームパパとは真反対で、世の中の風潮に対する梶原のアンチテーゼは確かにインパクトがあった。このような反世俗的キャラクターの創造が『巨人の星』を成功させ、一劇画作家に過ぎなかった梶原一騎に時代を代表する発言者としての存在感を与えた。

彼を時代のヒーローにしたのは、漫画の原作よりもテレビの力に負うところが大だった。雑誌より約2年遅れてTVアニメ化された『巨人の星』の放映が始まると30％台の視聴率をあげ、いわゆるスポ根—スポーツ根性もの—の元祖とされた。もっとも梶原はスポ根という形容には異議を唱え、自分の作品でそれを言うならドン男路線、すなわちドン・キホーテ男性路線だと言っている。

「要するに私が描きたかったのは、よちよちロバにまたがり巨大風車めがけて突撃し、はじき返されるドン・キホーテである。はためには滑稽であまいが、バカに見えようが、本人は一生懸命な男の美であり、ロマンである。『柔道一直線』『あしたのジョー』『空手バカ一代』等々の主人公たちも、すべて然り」と。

ところで梶原が得意の絶頂で書かれたこの文章を、いま読み返して気がついたことがある。文中でしばしばガキとかガキ連という表現を使っている。これは講談社の伝統にはない。戦前の「少年倶楽部」の人気作家で、梶原がその後を追う決意をした佐藤紅緑も吉川英治も親愛なる少年読者諸君と言っており、ガキという言葉づかいはしなかった。漫画が好きでなく、第二章で書いたように雑誌「少年」の休刊を決めた光文社創業者の神吉晴夫も、社員に向けたメッセージの中で、読者をガキとかジャリと呼ぶことを戒めている。

梶原における『巨人の星』は、少年読者ではなく、天下の大人を相手にする国民文学的な作品であるという思い上がりがすでに生まれ、楽しみを与えるよりも教えてあげるという指導者の上から目線がすでに形成されていたのではないだろうか。考えてみると梶原のこうした倨傲が、その後の作品にしばしば露骨に現れ、読者を失うとともに作家として迷走の道を歩ませたのではないか。

『巨人の星』はどんな終り方をしたのか？

平成27年の8月末、東京のMATSUYA GINZAで「スポコン展」が開催された。

一世を風靡したスポコン漫画の代表作としてテニスの『エースをねらえ！』、バレーの『アタックNo・1』とともに『あしたのジョー』と『巨人の星』が出展された。やはり人気の的はこの2作品だったが、『巨人の星』コーナーではアニメを利用した大リーグボールの仕掛けの解明が注目されたのに対して、『あしたのジョー』コーナーではジョーの戦いの跡に興味が集中し、特にラストの白く燃え尽きるシーンに来ると、小学生までが「これ知ってる」と歓声を発し、原画を印刷したクリアファイルがよく売れていた。

ところで『巨人の星』のラストシーンがどうだったのかは、ほとんど話題にされることはない。全巻を熱読したファンの間でも話題になることは少ない。だが『あしたのジョー』の最後についいては、他の連載に追われエンディングに関しては放り出すようにして、漫画のちばてつやと編集者に任せてしまった梶原（高森朝雄）だったが、『巨人の星』については確信的な終り方にした。

飛雄馬は父に勝つ。ついに父を乗り越えるが、プロ野球巨人軍の投手としての限界がやって来る。大リーグボールで酷使した肩が限界を迎え、自分の運命を知った飛雄馬は球界から消えてゆく。このエンディングに対して読者から轟々たる非難が作者と編集部に殺到したが、梶原は動じなかった。編集長の内田勝も「これだけの作品です。こちらの利害よりも作品の完成度を優先しましょう」と完結の時期を作者に一任したという。

「そして、私は男を描いた作品だけに、よりなお男の引き際が肝要とばかり、すっぱり飛雄馬と訣別した」と梶原は書いている。

『あしたのジョー』ほど衝撃的ではないが、4年9ヶ月にわたる長期連載の最後はもっと読者の心に残るものになったであろう。しかしそうならなかったのは、作者の宣言に反して続編に当る『新巨人の星』が登場したからである。しかもこの作品は昭和51年9月から約2年半「週刊読売」に連載されたが、中途半端な進行のうちに突然終了してしまった。

梶原はこの連載開始にあたり「『巨人の星』を少年期というなら、こんどの『新巨人の星』は、青年・成人向けの豪華巨編劇画であり、海の沈黙、海の声、人の心の凪、嵐ともいうべき、力あり、恋あり、人生一大叙事詩ともいうべき名作となるでありましょう」と予告した。

話は現実と重なる。読売巨人軍は前年に圧倒的な歓呼のもとに長嶋茂雄を監督に迎えたが最下位に低迷し、この年昭和51年はV1を目指してデッドヒートを展開していた。5年前に球界を去った星飛雄馬は、野球への未練が立ち切れず人里離れた場所で孤独な特訓を続けていた。そこにかつてのライバル花形満が現れ、飛雄馬の執念に火を付ける。

ここで梶原は生みの親としてご都合主義とも見える設定を採用した。『巨人の星』を終らせる時、ファンからサウスポーの飛雄馬が再起不能ならば右投げに転向させて、作品を存続させるべきだとの声が高まったが、梶原はこれを無視して作品を完結させた。

ところが『新巨人の星』では、もともと右利きであったのを父一徹の特訓でサウスポーに改造されていたというのである。こうして巨人軍に復帰した彼に長嶋監督は、自分の永久欠番の背番号を与えて飛雄馬の野球人生は再スタートするが、巨人軍はもはや輝く天上の星ではなかった。成人向けに色模様も加え、例えば鷹ノ羽圭子という女性をめぐるパートナー伴宙太と飛雄馬の三角関係などが登場するが、もはや昔のファンも呼び戻せず新しい読者も獲得できなかった。『新巨人の星』は『巨人の星』を貶める結果に終った。

『新巨人の星』をめぐる状況については斎藤貴男著『夕やけを見ていた男　評伝梶原一騎』が詳しく取材しているが、それによればこの作品で再びパートナーを組んだ川崎のぼるがどうしても打ち込めなかったという。星飛雄馬も彼をめぐる人々も、野球をまるで知らなかった川崎が造型して育て上げたキャラクターである。梶原の原作では彼らがどうしても納得できない動きをしながら物語が展開する。川崎は原稿を落とす（締切に間に合わず休載する）こともあってついに中止を申し出た。連載2年半、飛雄馬の大リーグボール右1号は巨人軍に日本シリーズを制覇させることができなかったが、彼は右2号の完成を目指して不死鳥のように立ち上がるという場面で唐突な終り方をしたとき、川崎は「もうこれ以上、何も描きたくなかったのです」という悲痛な言葉を残した。

この時期の梶原作品の荒れ方について斎藤はこんな指摘をしている。

「それでも『新巨人の星』は、旧作のファンのチェック度が厳しい分、まだよかった。同時期に梶原が起こした新連載の多くは、『愛と誠』が始まった時と同様、いずれも新鮮なテーマに取り組もうとする意欲的なものだったが、少し連載が進むと、１００％に近い確率で暴力団が登場し、あるいはプロレスや空手の話になっていった。」

いま『巨人の星』の読者の脳裏に甦るのは、星一徹と飛雄馬の親子関係と異常な特訓場面だけだろう。栄光の巨人軍は実在人物が登場するだけにかえって現実感が薄くなった。これに対して『あしたのジョー』は見事に完結した。誰も登場人物のその後について思いをめぐらすことはない。もしこの連載が終りに近づいた頃、梶原がそれほど他の連載に追われていなかったとしたら、原作のラストシーンにもっと自分流の美学を持ち込んだかも知れない。あるいは連載終了がもっと後だったらどうか。ボクシングのリングを下りたジョーが異種格闘技で生きるなどというナンセンスが起こったかも知れない。そう考えてみると『あしたのジョー』はづくづく幸せな作品であっただろう。

激動期での生い立ち、荒ぶる青春

梶原一騎、本名高森朝樹の人生についてはすでに述べたように、本人の自伝のほかに多数の評伝、回想録、編集者の証言などの参考資料がある。私の手元には完璧とは言えないがかなり多くの資料が集っている。しかしこれらに頼り過ぎると深い森の中にさまよい込んだようなもので、梶原一騎＝高森朝樹の正体が捉えにくくなる。
ここでは、この人間が生きた跡を簡単な年表風にまとめて紹介するにとめておく。そこに彼が生きた時代の雰囲気と作品との関連性を付記したのは、梶原の虚像が形成される過程を私なりに見定めてみたかったのである。

昭和11年（１９３６）９月４日
高森朝樹、高森龍夫・や江夫妻の長男として東京府浅草区石浜で出生。誕生後間もなく渋谷区原宿穏田に移住。父、龍夫は兵庫県竜野町生まれ（梶原の自伝には熊本県高森町生まれとしているがこれは祖父貞太郎の生地で、貞太郎は同志社を卒業した英語教師であった）。龍夫は父の任地を転々としてから上京して青山学院師範科に学び、山梨県都留町で英語教師。その後再び上京して様々な仕事を経て、朝樹出生当時は中央公論社の校正員をしていたが二年後に改造社に入社した。母、や江は九州小倉に本家があった佐藤家で９人兄弟の末娘であった。
昭和15年（１９４０）
次男真士（真樹日佐夫）誕生。同18年、三男日佐志誕生。18年、朝樹は青山学院初等部（当時は私立緑岡小学校）に入学するが水に会わず退学。19年、東京の空襲を避けて母と兄弟3人で龍夫の叔父を頼り宮崎県日向町に疎開。終戦の年、昭和20年に帰京。

昭和22年（1947）

龍夫一家は神奈川県川崎市浜町（現在は川崎区浜町）に住む。龍夫は戦後の論壇を牽引し、また破格の原稿料を支払うことで有名だった雑誌「新生」の編集者となった。この雑誌は短期間で消えた。龍夫はその後は挿絵画家として生計を立てる。

川崎時代、朝樹はボクシング観戦に熱中した。焼け跡の各所で行われた興行にもぐり込んで観戦し、ピストン堀口の試合を観るため列車に無賃乗車して九州の門司まで行ったこともある。昭和25年、拳聖と呼ばれたピストン堀口は東海道線茅ケ崎～平塚間の鉄橋で事故死。パンチドランカーになっていたとも言われるが、この事件は後の梶原に影響を与えた。

昭和26年（1951）

学校や近所で喧嘩沙汰を頻発したため、青梅の救護院、東京都立誠明学院に入所。救護院とは不良行為を成す、あるいはそのおそれがある児童を入院させこれを保護することを目的とする施設。ここでの集団生活の体験が後に『あしたのジョー』や『タイガーマスク』に投影する。

昭和28年（1953）

3年間にわたる救護院の生活を終え大田区蒲田の家に帰る。都立芝商業高校に入学するが、算盤や簿記など商業科目を嫌い学校から離れる。月刊少年誌「少年画報」の懸賞小説募集に応募してボクシング小説『勝利のかげに』が入選、掲載される。梶原一騎の筆名はこの時から使い始める。筆名の由来は「源平盛衰記」の梶原源太景季にちなむとか、教護院で仲良くした梶原某女にちなむとか諸説がある。以後この雑誌で「実話読み物」などの仕事をする。

昭和31年（1956）

浅草で踊り子との半同棲生活をする。秋田書店の少年月刊誌「冒険王」で絵物語『少年プロレス王・鉄腕リキヤ』の原作を担当する。

昭和33（1958）

父・龍夫死去。梶原一騎は自暴自棄の生活を送る。「飲み仲間の悪友と結託して母に無断で、住んでいた家を法外な値段で叩き売り、仕事も放り出してその金を遊興に遣い果たしても恬として恥じることなきありさまだった」（真樹日佐夫）。

昭和34年（1959）

大田区蒲田、通称呑んべえ横丁（国電蒲田駅東口）にバー「モンテクリスト」を開く。店には梶原と真樹が交代で詰め、近くに借りたアパートに母や弟の日佐志とも一緒に住んだ。近くのアパートに仕事部屋を借りて夕方店に出るまでは真樹と共に机に向かったが、大きな仕事はほとんどなく、娯楽誌の投稿作品が時々採用される程度だった。バーでは地元の暴力団関係者とよくもめ事を起こした。

昭和36年（1961）
東京中日新聞の依頼で『力道山物語』の連載開始。力道山と交友が生まれる。講談社「週刊少年マガジン」初代編集長の牧野武朗から漫画の原作作りに協力を求められ、『チャンピオン太』の連載を開始。この作品はテレビ化された実写版が力道山のレギュラー主演で話題になる。梶原は杉並区方南町のアパートに転居して母と同居。「週刊少年マガジン」には続いて『ハリス無段』を連載。昭和38年12月には力道山が赤坂のナイトクラブで暴力団員とのトラブルで負傷し1週間後に死亡した。
昭和39年（1964）
方南町のアパートに住む後藤篤子（当時18）にプロポーズして結婚。後に高森篤子が書いた著書によれば東京オリンピックの年、夏の盆踊りで踊っている姿を見た梶原の一目惚れだったという。練馬区大泉に住み篤子が24歳になるまでに4人の子供をもうけた。
昭和41年（1966）
この年5月から「週刊少年マガジン」に『巨人の星』連載開始。この年までの2年間を高森篤子は書く。
「主人への仕事の依頼は、まったく途絶えたことがなく単発ですが常にありました。1回だけの仕事もありましたが、連載といっても、4、5回で終ってしまう作品がほとんどでした。やがて時代は、主人の望む活字文化から漫画に移行していきました。その頃から主人の苛立ちが、日ごとに増していったような気がします。たまに編集者の方がいらして、それが仕事の依頼の話の時ですら、口論になってしまうことがありました。やがて編集者の来訪はほとんどなくなり、主人が机に向かうことも少なくなってゆきました。家計はますます困窮し、私が働くことになったのでした。主人は……競馬場通いの日々。酒浸りの日々。表情はいつもイライラと棘々しくなり、怒りっぽくなり、私に物を投げたり手を上げるようにもなったのです。」

年譜風にまとめようとしたこの項にはふさわしくなくなったが、ここではも少し高森篤子の描写にこだわりたい。

「『巨人の星』以前……」と題した章の締めくくりとして書かれた次の文章こそは、まさしく梶原一騎の内側に潜む高森朝樹の孤独と、彼が後に走る狂気の原点を示唆しているのではないだろうか。

篤子は、梶原が「おまえがぽこぽこガキを産まなかったら、多分『巨人の星』を書かなかった」と漏らした一言に続いてこう書いている。

「劇画原作者として成功はしたものの、やはり小説家として名を残せなかった主人の物書きへのコンプレックスが、後年の暴力事件につながっていったとすれば、その原因の一端は、私にあると思わずにはいられないのでした。」

栄光と倨傲と迷走の日々

梶原一騎が最も栄光に包まれた時期は『愛と誠』（50年9月、作画のながやす巧とともに第6回講談社出版文化賞児童まんが部門賞を受賞）が、終盤を迎えた昭和50年頃ではなかったか。この時期には『巨人の星』『あしたのジョー』『タイガーマスク』『空手バカ一代』などの単行本がいずれもよく売れて、講談社のドル箱になっていた。ライバルの小学館でも「週刊少年サンデー」連載の『おとこ道』や『ケンカの聖書《バイブル》』『柔道讃歌』などが続々と単行本化されていた。

梶原が8年間連れ添った妻、篤子と協議離婚した（後に復縁）のは昭和47年11月、その数ヶ月前に彼は自分のプロダクションを株式会社化した。もはや自分は一漫画原作者ではない、少年漫画を支配した勢いで他のジャンルでも支配者となる気構えであった。続いて三協映画を設立して映画製作に乗り出した。社名の由来はフリーの映画プロデューサーの川野泰彦、『巨人の星』をアニメ化した東京ムービーの藤岡豊と梶原の三人が協力し合うというネーミングだった。

川野は『愛と誠』が東京12チャンネル（現・テレビ東京）でテレビ化された時のプロデューサーであった。ちなみに、この時オーディションに合格して早乙女愛役をつとめた池上季実子と梶原の間のスキャンダルが後に話題になった。

三協映画の第一作は「地上最強のカラテ」、世界大会を目指す極真空手の選手たちの特訓と世界大会の実写で成り立つドキュメンタリーだが、松竹で配給されヒットした。

その後は「悲愁物語」「雨のめぐり合い」「恋人岬」などの劇映画を製作したが、ヒットしなかった。昭和53年の「カラテ大戦争」では台湾の歌手、白冰冰（パイ・ピン・ピン）を出演させ、彼女を梶原プロに入れて売り出すことを企てたが、当時は日本と台湾の間に国交がなかったため、便宜上、梶原が彼女を入籍するという措置をとったといわれる。これが後に梶原をめぐるスキャンダルの一つとなった。

『空手バカ一代』は大山倍達の一代記だが、連載が回を重ねるにつれて大山が率いる極真空手に注目が集まった。比較的大きな町道場というに過ぎなかった極真会館に入門者が殺到し、海外まで極真空手が広がった。大山倍達はその恩義に感じ、何かにつけて梶原を引き立て、ついには義兄弟の契りを結んだ。空手の世界での実力者と見なされるようになった梶原は、格闘技や異種格闘技の世界とへと影響の範囲を広げていった。暴力団関係者との交際も始まっていた。

余談になるが、私が『空手バカ一代』の中で最も興味深く読んだのが、昭和29年12月22日、力道山と木村政彦の対決前夜の場面であった。柔道家で天覧試合など多くのタイトルを制し、〝木村の前に木村なし、木村の後に木村なし〟とまで言われた男が、力道山の空手チョップの前にあえなく粉砕された試合は、放送開始されたばかりのテレビで放映されたが、試合前の水面下での出来事は『空手バカ一代』によって初めて教えられた。

すなわちこの試合に先立ち、興行を仕切る政財界の実力者立ち合いのもとに念書が交わされ、木村、力道山の両者がそれぞれ1本ずつ取り、3本目は時間切れ引き分けにするというものである。この念書に調印させられた木村はいったん郷里の熊本に戻ったが、試合の前々日に再上京した。この時、東京駅に迎えに行った大山が、泥酔して足元をふらつかせながらホームを歩く木村を見て驚くシーンが、『空手バカ一代』には描かれていた。真剣勝負を申し入れたのが、興行側に普通のプロレスを押し付けられた木村が絶望したのか慢心したのか、東京までの道中、食堂車で酒を飲み続けていたのである。

平成22年に、大河ノンフィクション「木村政彦はなぜ力道山を殺さなかったのか」という大著を世に送った増田俊也は、最初この場面は大山か梶原の創作と思っていたという。だが増田は驚くべき執念で検証した。木村の車中談を取材した新聞の写真をもとに検証すると、木村の前に酒瓶が林立し、手酌で飲みながら記者にリップサービスしているのがわかった。試合では力道山が木村の心の隙をついて念書を破棄した行動に出たことが、この伏線から判明した。

梶原は遺作となった『男の星座』にもこのシーンを登場させている。『空手バカ一代』には大山をことさらヒーローに仕立てた創作場面が多いとされるが、力道山と木村に関する部分についてはいまだに迫真性を持って読み継がれている。

　ところで梶原の行動がアウトロー的になり、〝荒ぶる神〟のように周囲から恐れられ、人間らしいコンタクトを失うようになったのは、創作以外に映画、空手などの分野で権力を誇示するようになったからだろうか。実弟の真樹日佐夫は著書の中でもっとうがった観察をしている。梶原が性格面で微妙な変化を来すようになったのは、篤子との離婚後だという。

「まず第一に、私が愛してやまなかった稚気の名残といったものが影を潜めたこと。また、それまでも人後に落ちず万事に高圧的ではあったが、この点がさらに際立つとともに、カリスマというか、そういうものを意識した様子で、常にかまえた態度をとるようにもなった。そしてなにより、やたらと女に手が早くなったのは、これはやはり女性不信的感情の裏返しか。」

　真樹は梶原の銀座や六本木の酒場における粗暴で野卑、女性に対する強姦寸前の振る舞いについて具体的に描写しているが、これが少年の魂を揺さぶるような感動的なシーンや名セリフを創出した作家の振る舞いかと、目を覆いたくなるほどである。

　ここでもう少し梶原一騎の心の中に踏み込んでみると、自分が今そこにいる環境について果てしないコンプレックスが鬱積し、それが時おり自制できない形で外部に向けて爆発したのではなかったか。

出版メディアの構造から捉えてみよう。

梶原一騎は大量のベストセラーを産み出している出版社にとっては恩人だ。しかし劇画作家という仕事は出版社おける位置として正統とは見られない。総合出版社における正統は文芸や学術研究で、漫画は亜流である。だが漫画家ならばアーティストとして遇されるが、劇画作家はその陰の存在で、作家の仲間に入れてもらえない。しかし出版社の収益源は漫画である。ベストセラー漫画は文芸書の数十倍の初版部数で、しかも増刷を繰り返す。劇画作家はその陰の存在であるはずだったが、『巨人の星』によって天下に広く名前を知られるようになった。

そこで梶原は考える。これだけの名声を博し、版元を儲けさせているのに自分は不当に扱われているのではないか。金銭的な恩恵だけでなく社会的に正当な評価がほしい。そんな違和感を感じるのは文化的な社交場に身を置いた時ではなかったか。文壇バーという都会の空間がある。ここでは客の間にヒエラルキーができている。すなわち純文学の大家が頂点で、中堅、新人と位置付けが決まっている。野坂昭如に自伝小説風の「文壇」という作品がある。CMソングなどの作詞家、雑文家として売れていた野坂が、銀座の文壇バーの老舗といわれる店に出入りし始めた頃、どんなふうに大家たちに無視されたか、その視線をはね返すように小説に精進し、店の常連客として定着していったかが記録されている。

梶原一騎は当時の野坂以上に疎外感、屈辱感を味わったことであろう。しかし梶原は野坂以上にパワフルで反抗的だった。劇画作家が阻害される秩序を破壊するような行動に出て、それが秩序の破壊者として暗黙のうちに指弾されているのを感じると、さらに行動がエスカレートした。有名な文壇バーのマダムたちを自分の女のように公言したのも、そんな行為の一端であろう。

劇画作家として軽視するならば自分が持つ才能、手腕を見せてやろうと、映画製作や格闘技のプロモーターなどに名乗りを上げたのも、そんな自己主張の延長線上にあったのではないか。梶原の暴走は果てしなく続き、彼を育てたつもりでいた出版メディアの人たちは、日々モンスター化する状況に手をこまねくばかりであった。

堕ちたカリスマ、その終焉の日まで

昭和58年5月25日、梶原一騎こと本名高森朝樹は、警視庁捜査四課と愛宕署に暴行と傷害の容疑で逮捕された。すでに当局の捜査が身辺に迫っているのを知った梶原は、早朝の任意出頭の求めに素直に応じ、犯行を認めた。

梶原逮捕の原因となったのは編集者への暴行であった。4月13日夜、パーティの流れで行った銀座のバーで梶原は、「週刊少年マガジン」副編集長の発言に腹を立て、殴ったり蹴りを入れたりして、顔面切創で全治1ヵ月の重傷を負わせたのである。
このニュースは新聞やテレビでも報道されたが、続いて起こったのが週刊誌の梶原バッシングだった。以下そのタイトルと内容の要点を紹介する。

《梶原一騎の編集者暴行事件　ついに警察沙汰となった劇画界〝恐怖のドン〟の行状》（週刊朝日・58年6月10日号）

まず暴行当日の様子を記し、「恩義ある先生の事件だけに当社がどれだけ苦慮したか。それは被害届を出すかどうかを決めるまでに、約1ヵ月かかったことでお祭し戴きたい」と言う講談社総務部の談話を紹介してから、梶原のこれまでの仕事を紹介し、さらに今回の事件に関連して警察は、ほかに梶原の暴力沙汰や恐喝について余罪がないか聞き込みに回っていることを伝える。

さらに国際空手道連盟、極真会館の大山倍達館長とのトラブルや、プロレスラー脅迫事件など、梶原の旧悪にふれ、最後は漫画関係者の間で言われる次の言葉で締めくくる。
「業界の過当競争から腕のいい梶原は神様扱いされ、また多額な収入から金銭感覚がマヒし、おごりが出たのだろう。梶原の人気が下降線をたどってきたことも、腕力などで編集者を威圧する結果になったのではないか。」

写真週刊誌「ＦＯＲＣＵＳ」（6月3日号）は強面《こわもて》風の梶原の全身像に添えて《逮捕された梶原一騎…その酒乱殴打婦女暴行行状記》として、「婦女暴行のウワサもないことはない」（愛宕署）と、実際に強姦されたホステス（被害届は出さなかった）の話を紹介している。

逮捕から56日後、東京地裁５０６号法廷で梶原の初公判が行われた。この時、検察側が起訴状で読み上げた梶原の罪状は、赤坂のホステス暴行、講談社副編集長暴行傷害、ゴーストライター恐喝（プロレスラーのアブドーラ・ザ・ブッチャーが出版した本をめぐり、梶原と元レスラーのユセフ・トルコがゴーストライターを恐喝した容疑）の３件であった。

同年7月28日、梶原は３千万円の保釈金を積んで、65日間を過ごした留置場から釈放された。それから数日後、梶原は山の上ホテルでステーキとうなぎを同時に食した後、気分が悪くなって倒れ、救急搬送された。入院先にあれこれ変更があって結局落ち着いた東京女子医大病院での診断は、壊死性急性膵臓炎という深刻なものだった。

徹底的に梶原を追い回した「ＦＯＲＣＵＳ」（8月28日号）は、《梶原一騎の『因果応報』――車イスに乗り人工透析を受ける日々》というタイトルで、病院廊下での姿を捉えている。

秋になって、梶原の前妻で台湾で歌手として活躍している白冰冰（パイ・ピン・ピン）の発言から梶原スキャンダルが再燃した。

《島田陽子『告訴発言』で渦中の白冰冰を直撃》（週刊ポスト・10月28日号）。この記事は白冰冰が梶原と暮らしている時に彼が秘蔵している写真を見た。その写真は梶原と交遊があった芸能人や銀座のクラブのママのもので、全身のヌードばかりでなく秘所のアップまでが保存されていたというのである。そこから写真のモデルと梶原の関係が詮索され、その中には告訴も辞さないと息巻く国際女優もいるという他愛もない作りで、最後は「梶原はいま東京女子医大病院に入院中で、退院のめどもたっていないので、公判期日も全く決まっていません」という知人の話で終らせている。

「FORCUS」の追い打ちは翌年にかかっても続く。

《歩けない梶原一騎――あの「元気」を奪った恐るべき病気「膵臓壊死」》（3月16日号）では、リハビリテーションのために入院中の山梨県の竜王外科温泉病院での姿を撮影している。「現在の梶原は、上の写真でご覧のように一人で立つこともできない衰えよう。屈強な男3人に抱えられて立つのがやっとで、しかも両手はダラリとたれ下がったまま、視点の定まらない目にも、まるで力がない。軽い言語障害もあるようだ」とコピーにある。

もう一枚の写真はやせ衰えた梶原のアップだが、「たとえ生命はとりとめても、身長180センチ、体重87キロ、空手3段、柔道2段のあの梶原は死んだというべきだろう。今では右の写真でご覧の如く、何やら哲人かインド僧のようである」の説明が何とも皮肉である。

この記事の前後に梶原もわずかに自己弁護をしている。

《逮捕騒動から10ヵ月　沈黙を破って劇画界の帝王梶原一騎が『反撃の告白』》（週刊ポスト・3月30日号）では、「FORCUS」が撮影したのと同じ病院のトレーニングルームで取材に応じ、〝驚異的な回復〟を誇示している。

梶原の反論のポイントは次の点であった。まず警察が自分を逮捕した本当の狙いは覚せい剤にあった。編集者暴行傷害事件はその材料に使われた。覚せい剤疑惑はプロレス業界筋からのたれ込みによるものだろう。有名女優の醜聞写真の件は「合意に基づく。女優とは乱痴気騒ぎの果てにそんなことをすることもあるさ」と開き直っている。


昭和60年3月14日、東京地裁は梶原に懲役二年、執行猶予三年（求刑は懲役二年）判決を言い渡した。起訴された3件のうち、ホステスへの暴行を除く2件が有罪となった。東京地裁刑事二十八部の裁判官、片岡博は判決を言い渡した後、被告にこう語りかけた。

「被告は連載劇画『巨人の星』などで青少年に大きな影響を与えたが、この事件で読者が失望したのは間違いない。今後、再び青少年に名作を与えてほしい。裁判所も再起を期待しています。」

杖をついて起立したままの梶原は「わかりました」と頭を下げた。

判決から2ヶ月後の60年5月、梶原は日本文芸社の青年漫画誌「週刊漫画ゴラク」で『男の星座』の連載を開始した。これは「梶原一騎引退記念作品」と謳ってのスタートだった。サブで「さらば友よ！」と呼びかけて読者に次のメッセージを送った。

思えば4分の1世紀――25年のあまりにわたり、梶原一騎は劇画の原作を書いてきた。そして、このたび『引退』を決意した。理由はクドクド言わぬ。思うところあって、と日本語には奥行きの深い表現があるではないか。（中略）とにかく、これが劇画原作者・梶原一騎として最後の作品になる。題して『一騎人生劇場・男の星座』。さよう、完全なる自伝である。私の青春遍歴ドラマだからして、当然『巨人の星』『あしたのジョー』『愛と誠』『タイガーマスク』『空手バカ一代』をはじめ、私の代表作とされる無数の作品群の母胎とも呼ぶべき最終作ともなろう。さまざまな男たちの群像、すわわち『男の星座』を遊泳し、交錯し、その光りを浴び、反射し、輝き合うことで私は所謂「男の世界」が書ける作家になった（以下略）。

物語は昭和29年12月22日、蔵前国技館におけるプロレスの力道山と木村政彦対決の場から始まる。力道山の空手チョップで木村が打ちのめされた時、「力道!!　オレが替わって、この場でキミに勝負を所望した！」とリングサイドで立ち上がったのは大山倍達である。そして2階の大衆席には高校生の梶一太（梶原一騎）がいた。このような迫真力ある展開で、梶原が歩んだ人生がエキサイティングに展開されていった。

作画の原田久仁信《くにちか》は似顔絵に巧みな画家であり、後に『男の星座』は彼の代表作とされた。

梶原の個人生活にも平穏な日々が甦った。判決が下りた後、ハワイで二度目の結婚式を挙げ、妻篤子と復縁した。4人の子供たちもそれぞれ成長し、復縁夫妻の間に新たに誕生した子も加えて一家七人の暮らしであった。

梶原は人工透析を続けながら『男の星座』を書き続けたが、体調はしだいに悪化していった。ついに救急車で東京女子医大病院に入院したが、母親と妻に看取られて永眠した。昭和62年（1987）1月21日午後12時55分、梶原一騎こと高森朝樹は、50歳の生涯を終えた。絶筆となった『男の星座』は講談社の編集長・牧野武朗が梶一太にプロレス漫画の原作の依頼に来る場面であった。

梶原一騎の墓は因縁深い文京区音羽の、講談社に近い護国寺墓地にある。戒名は「高照院啓發一騎居士」である。

梶原一騎が世を去って30年近く、もはやこのモンスターを育てたり、その所業に悩まされた人々の多くは仕事の現場を去った。それでもメディアの現場では折にふれ、梶原一騎がいた日々が語り継がれている。『巨人の星』や『あしたのジョー』『タイガーマスク』『愛と誠』などを手にした新しい読者は、この原作者はどんな人かに思いをはせるであろう。こんな形で梶原一騎はまだ生きている。

もしかすると梶原があこがれてやまなかった純文学の人々、例えば宮沢賢治、太宰治や三島由紀夫などと少しは似ているのかも知れない。少なくとも何か一作のみで、文学賞を受賞したもののすぐに忘れられてしまった作家たちよりは幸せではないだろうか。

第六章　『あしたのジョー』の聖地を歩く

① 山谷・泪橋・いろは会商店街

なぜジョーは東京の下町・山谷に現れたのか

『あしたのジョー』はボクシングの世界を舞台に激しい男の人生を描くドラマだが、もう一つ見落としてはならない側面があると思う。東京の下町、山谷という都市空間が実に詳しく描き込まれ、単なる物語の背景ではなく、登場人物の生き方とも一体化しているように見えるからである。

この作品では冒頭部から山谷の町が主役になっている。忽然と現れたジョーが歩くのは120円均一の看板を掲げた街並みだし、酔っぱらって寝ている丹下段平を踏みつけて出会いのドラマが始まるのは玉姫公園。その段平が丹下拳闘クラブを開くのは泪橋近くの土手下。ジョーと対戦するカーロス・リベラが生まれ故郷のスラムを思い出し地元の人々と楽しそうに歌っているのも玉姫公園だ。ジョーは燃え尽きて山谷から旅立つが、マンモス西はボクシングを諦め、この界隈の乾物屋の一人娘と結婚して、下町に骨を埋めるだろう。

このような場面を次々と思い出していくと、『あしたのジョー』は実在の都市空間を舞台としたヒューマンドラマ、コミュニティドラマといってもよく、山谷は「わが町山谷」にも見えてくる。この作品の設定、特に書き出しにこだわったのは、原作者の梶原一騎よりも漫画のちばてつやであったことは第一章でふれたが、なぜ、ちばは山谷を舞台にしたのか。その疑問に答えてくれたのが「ちばてつやとジョー　戦いと青春の１９５４日」（ちばてつや・豊福きこう・２０１０年・講談社）という本である。この本を手かかりにしながら、ちばの山谷へのアプローチの跡を探ってみたい。

連載の話が本格化した時、舞台は東京の下町、雑草のごとく這い上がった野性的できかん気の若者ボクサーと、若者を見ると「ボクシングをやってみないか」としつこく声をかける、酒浸りの拳闘家くずれのトレーナーという組み合わせは、梶原とちばの間でしだいに輪郭を現した。

ちばはさらに二人のキャラクターを画像化していった。ボクサーにはちばが昔、「17歳で魚河岸で働く少年がチャンピオンに挑戦」という話題に魅かれて観に行った沢田二郎（東洋ライト級選手権者）をイメージした。丹下段平は梶原と話し合いながら、らくだのシャツの上に背広、猫背で作業ズボンに地下足袋、片目が潰れているというようにスケッチを描いていった。

このように過去があって、うらぶれていて、それでも夢を持っている人間をどこに住まわせるか。ちばが具体的なイメージを描いたまちが山谷であった。ちばは、小学校三年ぐらいから高校まで墨田区向島に住んで、東京の下町についてはよく知っているつもりだったが、隅田川をはさんで反対側にある山谷という都市空間は未知のままだった。子供の頃からよそ者が簡単に入り込めない場所と聞かされていたからである。

『あしたのジョー』の舞台を決めるにあたって、ちばは実際にこの町に行き、簡易宿泊所に泊まってみようと考えた。貧しさの中から立ち上がっていく若者の話を書く上で、町並みや人間をリアルに描きたかったからである。

昭和四十二年、ちばてつやの山谷体験

ちばは草履にちょっと擦り切れたジーンズ、道端に寝転んでも良いような恰好で小さなスケッチブックと小銭だけを持って山谷の街に入った。できれば簡易宿泊所に泊まり、そこにいる人たちから話を聞いたり、一緒に酒を飲んだりしたかったのである。昭和42年の秋ごろであった。

ちばは初めて訪れた町の印象をこう語っている。

「泪橋を渡れば山谷です。泪橋というのは、昔、小塚原の刑場に送られる罪人が、近親者と最後の別れをしたところだそうです。山谷には『二〇〇円ハウス』が、ひしめくように

建っていて、昼間だというのに人がゴロゴロしていました。酔いつぶれて物陰で寝ている男。新聞紙にくるんだうどんの玉を、立ったまま食べている女。そして、むかつくような煮込みの臭い。なんの肉を煮込んだのかわからないけれど、値段はケタ違いに安い。」

ちばは屋台に入り、煮込みやホルモン焼きで焼酎を飲みながら周囲の会話に耳を傾けた。ところがこの土地の者でないことがすぐに見破られ、たちまち冷たい警戒的な視線にさらされ、退散するほかなかった。次にベッドハウスに泊まろうとして、その一軒で、ベッドに空きがあるかと聞くと、窓口から、あるよとの声がして一冊のノートと鉛筆が差し出された。ちばがノートに住所と名前を記入し始めると、まだ書き終わらないうちに、「ベッド、ないよ」と声がして、ノートと鉛筆がひったくられた。いまあるって言ったじゃないか、泊めてくれよと頼むと、いいから帰んなと追い返された。気がつくと、ちばの行く手にはドヤ街の住人5、6人が立って余所者を警戒する目つきでにらんでいた。玉姫公園にたどりつき、今見た情景を忘れないうちに描いておこうと、ポケットからスケッチブックと鉛筆を取り出したとき、自分の手を見てちばは気がついた。

「そうか、この手だったんだ！　原因は……。労働をしたことがない柔らかい手、こんな手をした人間が、山谷のドヤ街にいるはずがないのです。マスコミ関係の潜入か、それとも麻薬Gメンの内偵か、ベッドハウスのオッサンは、名前を書いている僕の手を見ただけで、正体が怪しいと見破ったのです」。

その日はこの街に深入りするのはやめて、建物や風景を軽くスケッチする程度にとどめ、ちばはこの街を後にしたが、日が沈んで暗くなった頃に泪橋を渡りながら、ふと既視感をおぼえたという。幼い頃に体験した中国の風景である。「満洲（現在の中国東北部）だ！血のように赤いあの夕日。逆光の中で青竜刀を振りかざして、襲いかかってくる中国人たち」。結局、ちばは山谷に4回でかけたという。

山谷という都市空間を読み解く

山谷という都市空間について現代の研究者が次のように概観している。稲田七海（大阪市立大学都市研究プラザ特別研究員・福祉地理学、居住福祉論）が書いた『再編される山谷の〝空間と社会〟』（五十嵐泰正・開沼博＝責任編集「常磐線中心主義」所収）から引用する。

山谷といえば、多くの人々は首都圏に多数の日雇労働力を供給してきた寄せ場を想起するだろう。山谷という地名は、一九六六年に消滅した住所表記がそのまま通称として使われているが、それが現在どこからどこまでを示すかは明確ではない。山谷は地名であることには間違いないのだが、日雇労働者が仕事を求める場所とその労働者が寝泊まりする1泊2000円から3000円の簡易宿泊所が集積する場所、この二つが重なる抽象的な労働者世界を示す通称といったほうがふさわしいかもしれない。周辺をくまなく歩いてみると、明治通りと吉野通りが交差する泪橋交差点を中心に、多数の簡易宿泊所と労働者向けの安価な食堂や酒場、コインロッカーやコインランドリー、作業服店や工具店などのほか、日雇労働者の仕事の紹介斡旋や失業手当の給付を行う上野公共職業安定所玉姫労働出張所や城北労働・福祉センターなど、労働者の仕事と生活の機能が、東京のどこにでもありそうな下町の一角に分散して配置されている。

山谷という都市空間は歴史の中でどう変貌してきたのか。稲田の記述を要約して紹介する。

【江戸後期から戦前】すでに江戸の宿場として奥州・日光街道沿いに木賃宿が立ち並んでいた。明治期には宿屋営業取締規則で定められた木賃宿営業許可地域（16ヵ所）のひとつとなり、地方から東京に仕事を求めて来る人々や近くの吉原遊郭に来る遊客や行商人が宿泊するまちとなった。1930年代の終りに泪橋交差点付近に青空労働市場が形成され、人夫請負人から仕事を得ようと多くの人々が集まる場となった。

【戦後】昭和21年（1946）、GHQは山谷を含む都内7ヵ所に戦争被災者を収容するためのテント・ホテルやバラックの簡易宿泊所を設置した。そこに収容されるのは上野や浅草に住む被災者が多く、「仕事を持つ街頭生活者」に限定されていたという。1949年には山谷に日雇労働を専門に扱う上野公共職業安定所労働課玉姫分室が設置された。1950年代になると、テント・ホテルや簡易宿泊所は木造の階層式ベッドハウスに建替えられ、山谷は都内最大の簡易宿泊所街の体裁を整えた。

【山谷暴動】1960年代に入って間もなく、山谷ではある事件に関する警察の対応をめぐり、激高した住民が「マンモス交番」（浅草警察署山谷警部補派出所）を襲撃し、投石、放火などが行われる暴動に拡大した。暴動を機に東京都は山谷は特別な対策を要する地域として位置付け、「山谷対策」を実施した。この辺りの事情をルポライター竹中労は「山谷・都市反乱の原点」という著作に記している。この暴動以後、山谷は暴動のまち、危険なまちというイメージが固定化し、女性や家族の姿が見られなくなり、独身男性の労働者のまちへとイメージが変化した。

【東京オリンピック前後】暴動以後、東北からの出稼ぎ労働者や元炭鉱労働者を吸収しながら、山谷の労働市場はしだいに膨脹した。1964年の東京オリンピック開催直前の東京では至るところで工事が行われたため、山谷は現場労働者の供給源として活性化した。『あしたのジョー』の取材のため、ちばてつやが山谷に足を向けたのはそれから約3年後で、山谷はオリンピック後の不況風に一度はさらされたが、高度経済成長期にさしかかり景気も上向きとなったため、労働者が多く集まり、荒々しい雰囲気がみなぎっていたのだ。『あしたのジョー』の丹下段平はこの山谷から毎日、どこかの労働現場に通っている。丹下拳闘クラブを建てるまでは昼も夜も働きに出ているという設定があるが、実際にそんな山谷の住人がいたのであろう。

「あしたのジョーのふるさと」

泪橋は明治通りと吉野通りの交差点にあるが、その吉野通りと土手通りの間をつなぐのが、いろは会商店街（台東区日本堤一丁目）である。長いアーケードの各所に「あしたのジョーのふるさと」の看板があって、ここをジョーが歩いたり、段平が立ち飲みしたりしているイメージがふくらむが、正直言って少し寂しいのは日盛りというのにアーケードを歩く人が少なく、シャッターを下ろしている店が多いことだ。

なぜ活気が失われたのか。いろは会商店街振興組合理事長の青木照廣から、「この通り、昔に比べると安心して歩けるようになったでしょう」と指摘されて気がついた。確かに4、5年前まで見られた昼間の路上での酒盛りや、酔ってごろ寝する姿が見られなくなった。そのかわり歩く人も少ない。

「地域の高齢化屋内に閉じこもる人たちが増えた。生活保護の受給者が年を追って増えていることもまちの活気を失わせている。もはやこの界隈の住宅地限界集落化が懸念されています」。

この発言は稲田七海の考察によっても裏打ちされる。稲田は居住福祉論の観点から山谷の「福祉カテゴリー化」を指摘する。

「2000年代に入ると、第二種福祉事業に基づく宿泊所やシェルターのほか、簡易宿泊所転用型の生活保護受給者向けのケア付き住宅、身よりのない人々を看取るホスピスケア型の共同住宅などが、複数のNPO法人によって展開され始めた。寄せ場としての流動性の高い山谷が、ドヤ保護の増加や居住福祉事業によるまちづくりが推進される中で、〝福祉のまち〟へと変貌し、定まった居場所や家族を持つことのなかった労働者が最後に戻ってくる〝ホーム〟としての役割が大きくなっていったのである。」

それにしても、商店街から人通りが絶えることはまちの死滅を意味する。青木によれば最盛期に約120軒を数えた店舗数が約40軒まで減った。「全国どこでもそうだが、鉄道の駅から離れた商店街は絶滅の危機にある。当商店街がその典型です」と青木はいろは会商店街の過去と現在を説明してくれた。

かつて吉原遊郭が華やかな頃、この通りは遊客の買い物、花魁や男衆の日用品調達で賑った。青木の店も先代までは履物屋だったが、しだいに高級品が売れなくなり今は最も日常需要に近い惣菜屋を営む。

「この界隈で夜7時になっても店を開けているのはうちのほか2、3軒。夕方からはゴーストタウンです」。

ではどうしたら通行人が増やせるのか。唯一明るい見通しが、山谷に泊まる外国人訪日客が増えていることだ。東京の「安宿」が山谷にあるという情報がネットや携帯端末で外国人観光客に流れ、年々訪れる人が多くなった。

簡易宿泊所の中には客層を外国人旅行者、一般ビジネス客、就職活動中の学生に絞ったところもあるし、外部資本の参入でビジネスホテルも建設されている。「一泊2200円〜4000円」の看板が泪橋の近くで目立つ。

「山谷は都心の観光地、浅草や押上の東京スカイツリータウンから近い。この利点を知ってもらい回遊路ができれば、若い人たちが通りで目立つようになるでしょう。その際、世界的に知名度がある『あしたのジョー』は人を動かすイメージシンボルになることが期待されます」と青木は熱をこめて語った。

② 後楽園ホール

ジョーが戦った場所が今も生きている

矢吹丈がプロボクサーとして初めて姿を現わたのは、東京・後楽園ホールでの昭和44年度全日本新人王決定戦である。

漫画では縦長の画面を使い、ボウリングやビリヤードの看板があるビルが描かれ、その5階に後楽園ホールの看板が見えている。反対側はドームになる前の後楽園球場で照明灯が描かれている。

もっともこの時、リングに上がるのは白木ジム所属のフェザー級、力石徹で、ジョーは会場に紛れ込み、何かを仕掛けようとしてあちこち歩き回るが、その行動に従ってホール内の客席や階段や控室に続く廊下などが描かれて、読者の頭の中ではホール内の見取り図が早くも形成される。

リング上では力石が簡単にKO勝ちするが、ジョーはこの会場でもうひとりの強者して注目されているウルフ金串に喧嘩を売る。「今回の新人王戦で次期世界チャンピオンと折り紙を付けられたウルフと、一撃のもとに相打ちを決めるんだ」と周囲を驚嘆させたのは、日本ボクシング協会から公認を許されない丹下拳闘クラブに、こんなにすごいヤツがいるという話題をマスコミに作らせるためのジョーの策略だった。

こうして何とか公認にこぎつけて、マンモス西と一緒にプロテストを受ける後楽園の田辺ジムも実在の場所だ。2度目の挑戦でプロテストに合格したジョーのプロデビュー戦は、後楽園ホールでの6回戦だが、1回2分47秒でKO勝ち。ここからは長きにわたり読者は誌面上で後楽園ホールに足を運ぶことになる。

ウルフ金串とけんか屋ジョーの6回戦では後楽園ホールの前にダフ屋や交通整理が出て、群衆の中から「こんなちっぽけな後楽園ジムなんかじゃなくて、東京体育館あたりでやりゃよかったのだ」の吹き出しがある。

減量した力石は、フィリピンの選手を退けてついにジョーと対決の日、絵柄は人で膨れ上がったいつものホール前景から満席の場内へとワープする。血みどろの打ち合いの果て力石は倒れて息を引き取るが、ジョーが遺体と対面する控室のシーンが何とも哀切だ。

後楽園ホールという舞台はまだ続く。力石の死後に再起を賭けてジョーが戦う最初の殿谷浩介戦の客席は満員だが、タイガー尾崎戦でセコンドからタオルを投入され、原島龍戦で無残な姿をさらし、南郷浩二戦で反則、乱闘の果てに敗れると客席は激怒してザブトンやビールの空き缶が投げ込まれる。

放浪の旅に出てもジョーの心は後楽園ホールから離れない。白木葉子が仕組んだカーロス・リベラと南郷浩二の一戦をテレビで観たジョーはまた東京に戻ってくる。カーロスとタイガー尾崎の一戦をこっそり見ようとするジョーの視角に、ホールり入っているビルの全景が見開きで迫る。さらに白木葉子の企みに乗ってジョーが、カーロス・リベラとのエキジビジョン4回戦を決意した時の画面は、後楽園ホールの前を歩く自分の姿である。

その4回戦は両者相打ち、リングアウトしたのを段平が押し上げたため、ジョーの負けになるが、彼は力石の亡霊から解放されカーロスと本格的に戦うことになる。ここで作品の舞台は後楽園ホールから他に移ることが白木葉子の次のセリフで明らかになる。

「しかし史上最大の4回戦の決着をつける世紀の一戦を行うにしては、このホールではすこし狭すぎます。東京都体育館も狭いし、日本武道館も国技館もだめ、後楽園球場を一晩借りることにしましょう」。

後楽園ホールと作品との縁はここで切れる。しかしこの会場のイメージは読者の脳裏に深く刻み込まれている。それはなぜか。いま、私たちの眼の前にジョーがいた頃と同じ施設が現存し、そこでは相変わらずボクシングの試合が行われているからである。

54年の歴史を刻むボクシング施設

後楽園ホールの歴史は昭和37年（1962）1月15日、この日オープンしたボウリング会館ビル（現在の後楽園ホールビル）に、それまで外堀通りと白山通りの交差点にあった後楽園ジムナジアムが入居した時から始まる。

後楽園ジムナジアムは、1955年に閉鎖された芝スポーツセンターに代わる常設会場を、とのプロボクシング界の念願のもとに、JBC（日本ボクシングコミッション）初代会長の田邉宗英の発案によって作られた専用会場だった。後楽園ジムナジアムのキャパシティーは2500人と現在のホールよりも、やや大きく、たまにバスケットボール等の試合が開催されることもあったが、プロボクシングの占有率は現ホールよりも高かった。そして、ビル内に移設されたジムナジアムのこけら落としとして行われたのが4月16日、日本フェザー級王者の高山一夫（帝拳）対オスカー・レイエス（フィリピン）の10回戦をメインに据えた〝報知ダイナミックグローブ〟であった。

前出のプロモーターの立場での白木葉子のセリフにあるように、後楽園ホールは世界的規模の試合にはキャパシティ不足と早くから指摘されてきた。客席が1600で立ち見を加えても約2000人しか収容できない。だが、2014年11月現在、日本でもっとも多くの世界タイトルマッチが開催されたのは後楽園ホールであり、その数55試合、ここで誕生した世界王者はのべ15人にのぼる（「ボクシング後楽園ホール激闘史『昭和編』」。
日本のボクシング興隆の歴史とともに歩んだ後楽園ホールは、長い間、日本一、世界一を目指す者にとっては聖地となっている。

聖地で展開された名勝負の数々

「ボクシング後楽園ホール激闘史『昭和編』」は開場以来、昭和の名勝負とされる試合BEST20を選んでいるが、ここではそのうち『あしたのジョー』の時期と重なる名試合を選んでみた。

第3位　スーパーフェザー級ノンタイトル10回戦
1968年11月17日　西城正三（協栄・WBA世界フェザー級王者）KO8回2分19秒　フラッシュ・ベサンデ（フィリピン・フェザー級王者）シンデレラボーイ危機一髪、3度目のダウンで目を覚ます。
第4位　WBC世界ライトフライ級タイトルマッチ

1980年1月3日　中島成雄（ヨネクラ）　15回判定　金性俊（韓国王者）　後楽園ホールで初の世界王者誕生劇。

第6位　日本スーパーバンタム級タイトルマッチ

1969年7月23日　清水精（ヨネクラ）ＫＯ8回1分40秒　中島健次郎（王者・船橋）

熱狂の中、ライバル対決の逆転の構図。

第15位　日本フェザー級王座決定戦

1970年4月15日　柴田国明（ヨネクラ）ＫＯ10回44秒　桜井保男（協栄）　ダウンの応酬を勝ち抜いた柴田。

第17位　東洋スーパーフェザー級タイトルマッチ

1968年6月13日　沼田義明（王者・極東）ＫＯ7回1分18秒　徐強一（韓国）　会心の右で世界1位を完全ＫＯ。

このほか世界タイトルマッチの名試合としては、

世界スーパーフェザー級タイトルマッチ　1970年8月23日　小林弘（王者・ロイヤル）判定アントニオ・アマヤ（挑戦者・パナマ）。

この試合は後楽園ホールで最初の世界戦で、小林にとっては日本新となるＶ5がかかっていた。辛勝したもののアマヤのテクニックに追い上げられ地元判定ではなかったかの声もあった。

東洋太平洋タイトルマッチでは、東洋スーパーライト級で挑戦者の萩原繁〈帝拳〉がラリー・フラピアノ（王者・フィリピン）を12回KOで下しての王座獲得（1969年1月22日）や、東洋フェザー級タイトルマッチでは挑戦者の柴田国明（ヨネクラ）が王者のハーバート康（韓国）に6回KO負け（1969年1月15日）などがある。

日本タイトルマッチでは語り継がれる名試合は多数ありすぎる。ここでは次の3試合をピックアップしてみよう。

1968年6月3日、日本フライ級タイトルマッチではスピーディ早瀬（挑戦者・中村）が王者、松本芳明（金子）に判定勝ちしたが、フライ級戦国時代の大熱戦といわれた。

日本ウェルター級タイトルマッチ（1969年8月14日）で龍反町（王者・野口）2分KO金沢英雄（挑戦者・新光）で反町の右ストレートは世界を感じさせると評価された。

日本ミドル級タイトルマッチ（1970年3月26日）で挑戦者のベンケイ藤倉（ヤジマ）を4回KOに退けた王者のカシアス内藤（船橋）は後に沢木耕太郎の長編ノンフィクション「一瞬の夏」のモデルになった。（各試合についての観戦寸評などは前掲書から引用した。）

いま後楽園ホールで

平成28年6月某日、後楽園ホールに足を向けてみた。この施設がオープンして間もない頃、私はここでボクシングを観戦した記憶がある。なんと名勝負BEST10の第7位を占める1963年3月13日のライト級ノンタイトル10回戦で、高山一夫（帝拳）と勝又行雄（不二）の試合をこの目で観たのである。

この試合は一方的に高山が優勢だった、もはや勝負あったと思われた6回、勝又の強烈な右フックに高山はロープ際に飛ばされた。カウント8で立ち上がりかけたが崩れ落ちて再び立てなかった。これは高山初のKO負けだったというが、ボクシングの恐ろしさを教えられたあの一瞬が今でも記憶に残る。

今でもそうだろうが、あの当時、選手の引退などのセレモニーがメインイベントの前に行われると、栄誉をたたえてテンカウントのゴングが鳴らされる。その時に「ボクシング関係者ご起立ください」のアナウンスがあった。

リングサイド席はもちろんだが、見ると遠くの観客席で立ち上がる人がいた。はるか昔の関係者であろうが、そんな人の生きてきた跡にふと思いをめぐらすこともあった。

この勝又・高山戦はピストン堀口記念追悼興行で、やはりテンカウントのゴングが連打されたはずだ。まだ高森朝樹時代の梶原一騎は観客席のどこかにいたのだろうか。

そんな貴重な記憶はあるが、その後の私は同じビルのボウリング場や後楽園シネマや後楽園飯店は利用しても後楽園ホールには長いご無沙汰をしていた。それでも5階のエレベーターを降りると昔と変わらない佇まいがあった。もちろん『あしたのジョー』の画面と同じである。いやむしろ若やぎ、明るいムードになっている。

午後6時の開場と同時にロビーは勤め帰りの若い男女で埋まる。売店で軽食と一緒にビールや酒を買って応援の下地を作ろうとする人たちも多い。女性ばかりのグループや群れを離れて一人客席に座る女性の姿も目に付く。入場料は特別席10800円、指定席5400円、先着自由席3240円。午後6時30分の試合開始までに客席のほぼ6割が埋まっていた。

この日は金子プロモーション主催で、4回戦1試合、6回戦2試合、セミファイナル8回戦、メインイベント8回戦にはすべて金子ジムの選手が登場した。応援もコミュニティムードで、第一試合がデビュー戦となる選手に贈られる激励賞の贈り主がアナウンスされるが、ほとんどがジムの近所の会社、商店、個人名義である。

プログラムの観戦の楽しみ方には「激励賞を出してみる」の一項目があり、その金額は大体、3千円、5千円、1万円、2万円程度、事前に祝儀袋を用意し、その選手の所属ジムの会長さんやマネージャーさんに渡せば、試合の直前にリングアナウンサーから紹介される。

別にある勝利者賞とは違い、激励賞は勝っても負けてもその選手に渡るといわれ、大変具体的である。

試合は4回戦が引き分けだったほか6回戦2試合、セミファイナルまで金子ジムの選手が勝った。8回戦でタイの選手を1ラウンドKOした日本ウエルター級7位の選手は、チャンピオンに挑戦状を送ると、ややビッグマウス的なパフォーマンスで応援席をおおいにわかした。

セミファイナルの前、メインイベントの前には2回にわたるショータイムが設けられ、K―POPの女性4人組BATSと、ソロダンサーを従えて歌うmikaが登場した。彼女はすでに多くのCDを出しているので、ショータイムを目当てに来る観客もいるのか。これらの女性たちはプラカードを持ってリングを回るラウンドガールの役目も果たす。

この日のメインイベントは、日本スーパーバンタム級チャンピオンの大竹秀典（金子）VSエルナン・コルテス（パナマフェザー級2位）の8回戦。両者よく打ち合い、クリンチのない好試合だったが、判定は3対0で大竹の勝ち。幟を掲げた応援団が喜んだ。

タイトル戦ではないだけに場内には楽しく観戦する気分が漂い、ショータイムを加えて楽しめる約2時間半であった。ボクシングを取り巻く環境が変わっているのを実感した。

あしたのジョーがどこかで生きている

平成28年に単行本化された角田光代著「拳の先」は、ボクシングをテーマにした長編小説だが、後楽園ホールがよく登場する。物語の主な舞台は都内の学生街にある鉄槌ジムというボクシングジムで、そこに集まる選手、トレーナー、コーチ、後援者、あるいはフィットネスなどの目的で通う人々の姿が、那波田空也という出版社の文芸編集者の目を通して描かれる。

ジムの選手が試合をする場所が後楽園ホールだが、それに伴う激励会、祝勝会、残念会、あるいはもっと個人的な飲み会の場所として、ホールのある水道橋周辺の居酒屋もしばしば登場する。そこでの盛大な飲みっぷり、食いっぷりはさながらB級グルメの饗宴で、力石徹や矢吹丈が経験した減量苦などどこにも見られない。

だからと言って「拳の先」は元気あふれる青春小説ではない。選手たちは自分を極限まで追い詰めて、目の前に現れる敵と対決する。たとえば主役の一人タイガー立花はある試合でとつぜん不可解な、ふざけたような行動をとるが、実はあの時は得体の知れない恐怖に取りつかれていたと、タイにおける特訓を見に行った空也に打ち明ける。そしてリンクに上がる前に言う。

「拳の先には何がいるんだか、おれにはもうわかんないスよ。わかんないから、どんなパンチでそれが倒れるかがわかんない。おれの、どんなパンチでも倒れない気もする。こわいとかって、なんて生やさしい気持ちだったかと思う。無理、ってか無理って言う時点でぜってえ無理」。

今日も後楽園ホールのリングにはこういう若者が上がっている。

沢木耕太郎の小説「春に散る」では始まってすぐ、アメリカから40年ぶりに帰国した元ボクサーの主人公が、まず後楽園ホールを訪ねる場面があった。彼はそこで昔所属していたジムの会長の娘、今は会長となった彼女と出会い、そのジムの四天王の一人といわれた時代が甦る。

彼は世界タイトルに近いと嘱望されながらそれを果たせず老人になった。やがて4人が集まり、シェアハウスで暮らしながら若いチャンピオンを育てようとする。選手の初試合で老人たちがセコンドをつとめるのも後楽園ホール。ささやかな祝勝会の場所もその近くらしい。

平成28年8月末に完結した新聞連載のラストは、世界チャンピオンになった青年とひっそり世を去る老人の対比であった。私には燃え尽きないで生き残った『あしたのジョー』の後日談のような気がしないでもない。

あとがき

この本を書くきっかけは平成26年の夏頃、北辰堂出版の今井恒雄氏との雑談にあった。日本の長編漫画で最高傑作はどれかということで、『鉄腕アトム』（手塚治虫）、『カムイ伝』（白土三平）から最近の超大作『ワンピース』（尾田栄一郎）などについて次々と論じたが、これだけは別格ということで意見が一致したのは『あしたのジョー』（高森朝雄／原作・ちばてつや／漫画）であった。その一貫したテーマを追い続けるメッセージ性、最初から最後まで読者を惹きつけて離さない物語性、いずれの点から見ても完成度の高さが抜群なのである。

「この作品を主題に一冊書けませんか」と今井氏から提案されたが、その頃、東京・練馬美術館で「あしたのジョーの時代展」が開催されていた。この作品の原画からアニメのセル画、レコードやポスターなどの関連資料、さらには時代を語る写真、演劇、都市風俗などに関する資料が実に多数かつ綿密に展示されていた。これらを紙上に収録した図録『あしたのジョーの時代』（求龍堂）もまた価値ある一冊で、これに何か付け加える要素があるのかと迷っている私に対して、今井氏はこう言い放った。

「この作品を愛読したりテレビや映画を見た人は必ず〝わが、あしたのジョーの時代〟を持っているはずです。まずあなたがそれを書くことで、単なるムック本、データブックとは違う本ができるはずです」。

それから一年余り、『あしたのジョー』は何となく気になる存在だったが、ようやく完全復刻版『あしたのジョー』（ＫＣコミックス）を手元に置いて読み始めたのは平成27年の秋も深まってからであった。この作品と接したのはこれで3度目である。最初はもちろん「週刊少年マガジン」連載当時で毎週リアルタイムで手に取っていた。2度目は平成18年頃に講談社１００周年記念出版「物語　講談社の１００年」にライターとして参加した時に「週刊少年マガジン」のバックナンバーで最初から最後までを通読、35年前を追体験した。そして3度目の対面となったのだが、正直言って今度は本当にこの作品の魅力に取りつかれてしまった。読み進むうちに物語の世界に引き入れられ、登場人物の心情に共感し同化してしまう。話の運びや成り行きはわかっているのに、また先が読みたくなる。約１カ月の間に全巻を3度は読破しただろうか。

よく幼児が同じ絵やお話の本を持ち歩いて、何度でも読み聞かせをせがむ情景が見られるが、私にとって『あしたのジョー』はそんな対象となった。読み返すうとに様々な新しい発見があった。矢吹丈や力石徹や丹下段平の言動の一コマに、なるほど彼はすでにこう考えていたのかなどと、ストーンと腑に落ちる個所が次から次へと出て来る。白木葉子などはその最たるもので、彼女の心境の変化だけで別に小説が書けるのではないかと思った。作品の流れの中では端役でしかないジョーと対戦して早々に敗退する相手ボクサーにも綿密な目配りが感じられ、ついページをめくり直してしまうのである。

画面について言えば、ボクシングシーンのリアリティ、精緻な描写に圧倒されるばかりでない。ドラマの進行の途中にインサートカットのように描かれた構図に心を捉えるものがいくつもある。しばらくはそこだけに見入ってジョーが活躍した昭和40年代という時代の感覚、舞台となった東京のまちのにおいなどを画面から感じ取ろうとしている。

最初に話に出た『あしたのジョー』が日本の漫画では別格の作品といわれる理由はどうもこのあたりに存在するらしい。ならばもう一度作品全体を解読し、出発の原点に立ち返り、原作者、漫画家、編集者それぞれが作品にこめた思いを捉え直してみたい。そう考えてまず書き始めたのが第一章である。

ところでかつての社会事象を取り上げる場合には「あの頃、私は」という手法がある。現実の事象ばかりでなく、時代を象徴する大衆性を持った文化現象にもそれが通用するだろう。『あしたのジョー』をまず時代の共通項として捉えてそれをやってみたらどうか。今井氏から与えられた「あなたにとって〞あしたのジョーの時代〟を書いてみたら」という課題にこの手法で応えてみようと思ったのである。先述したようにピーター・ドラッカーの「傍観者の時代」に範を見出してこれで行こうと思った。

しかし書き始めてみると、当時の自分の仕事環境について思い出すことが多く、書き留めておきたい人物も次々と登場し、予定していた枚数よりも長くなってしまった。時代の傍観者の記録という域を超えて私記のスタイルに近くなっているのに気がついた。この章だけを読んでくれた友人は言った。『あしたのジョー』は時代の点景にしてしまえ、もっと腰を据えて全編、私記・私小説スタイルで行け、その方がお前の仕事として残る。ありがたいアドバイスではあったが、それでは最初の発想と違う、本末転倒である。思い切ってシーンのいくつかを整理し、人物も何人か退場させた。

そこで気になったのがこの章で終始、私の前に立ちはだかる編集者、後にライターとなる人物の存在であった。もちろん実名で、その余りある才能、果敢な手腕と同時に権力に敏感で、駄目なやつを切って捨て、自分の領域を守り通す冷酷さがあったことは確かである。私の文章には彼のそういう面が出ていると思う。

歿後40年余り、伝説のライターとして彼の事蹟は語り継がれている。「無念は力」（坂上遼著）というすぐれた評伝も出ている。私の筆致では、そんな人物を批判し、死者を鞭打つ行為として、いやもっと卑屈な負け犬の遠吠えとでも受け取られるのではないかと危惧した。

しかし彼に対する私の感情的描写を消去してしまえば、この章に登場させる意味はない。『あしたのジョー』の世界になぞらえて、私は自分を力石の亡霊を追いかけて最後は白く燃え尽きてしまう矢吹丈になぞらえるつもりはない。しかし、いまだによれよれになりながらトレーニングだけは続けている老残のボクサーくらいに思ってもよいのではないか。

そんなエネルギーを今でも細々と燃やし続けているのは、これまでの人生からすればほんの短い期間ではあるが、「彼」との出会いがあったからではないかと思う。以上、私はあらためて尊敬と哀惜の念をこめて正直に自分の心情を吐露したつもりである。もし彼をよく知る方の目にこの一文が触れたとしてもご理解いただけると思う。

さて、先に書いたように私は「物語　講談社の100年」プロジェクトに参加し、少年コミック誌、少女コミック誌、情報誌などの分野を担当した。空き時間を見つけると講談社資料センターに入ってバックナンバーを通読し、社史編纂室から届けられる編集者のヒヤリングメモなどに目を通しながら原稿を書くという作業であったが、特に「週刊少年マガジン」は講談社の看板雑誌ということで、用意されたスペースも大きく、宮原照夫、五十嵐隆夫ら歴代編集長のヒヤリングにも直接出席させてもらった（『巨人の星』『あしたのジョー』の連載開始当時の編集長・内田勝は当時病床にあって間もなく逝去したが、私はその前の別の機会に長時間インタビューできた）。この時の体験と資料の蓄積が本書の第三章を書く上で役立ったことを付記しておく。

第四章では映像としての『あしたのジョー』を取り上げた。時期を隔てて作られた『あしたのジョー1』と『あしたのジョー2』は現時点でも鑑賞に値する作品である。当時の製作事情を振り返ると、原作とは別の人間ドラマが多数発掘できて興味深かった。なおこの章については、フィギュア製作や特撮などに詳しく、著書『昭和アニメソング・ベスト

100』があるテリー下沢氏に多くのご教示をいただいた。

第五章は、カリスマはいかにして作られ、自ら墓穴を掘ってアンチヒーロー化し、失墜していくかを検証する書き方になったが、書き終えてあらためて考えたのは、本文にも書いたように、わが国に「財界」という無形の集団組織が存在することであった。例えば新興の企業が著しく収益を上げ、その市場において力を発揮しても、財界からは正統な扱いを受けない。持ち前の野性味が消え、財界の無形の支配力に恭順の意を表した時、初めて低い地位からの仲間入りを許される。その際に社会的貢献度とか企業文化度など、経済的な評価基準とは別の物差しが用いられる。こうして財界から一人前扱いされるようになった時、その企業は野性味を失い、体制に従順な集団となっているであろう。

梶原一騎はまさに新興のベンチャー企業の雄であった。劇画作家という出版界における〝財界〟部分とは遠い位置での仕事が急にクローズアップされたのである。『巨人の星』の大ヒットは、梶原に金銭とともに家庭での父親の在り方や、人間の意志の力を教える教師の役割までを与えた。ここでいい子にしていれば、梶原は〝財界〟のお墨付きを得て、新しい文化英雄の位置を保全したかも知れない。

だが彼のエネルギーはそのような枠には収まりきれなかった。というよりも『巨人の星』のような作品だけでは後が続かない。〝財界〟的体制が歓迎するものだけを書き続けていたならば、早晩自分の世界が委縮してしまうことを察知していたにちがいない。梶原は体制の中に反体制的、つまりアウトロー的な部分を拡大し、自己主張しようとしていたのではないか。それが『空手バカ一代』以後の作品群である。彼が事業に走ったのもそんなジレンマを自分で解消し自己主張するためではなかったのか。

「あとがき」を書くうちについ別の角度から発想を広げてしまったが、「あしたのジョーの時代」というテーマが広範で、奥深いからそうなってしまうのだろうか。

六章の「あしたのジョーの聖地を歩く」は平成28年の時点で、作品の中でジョーが動き回った場所を現実に歩いた報告だが、今日でもジョーが生きているような気配を感じた。

この仕事と取り組んでいる間、面白い体験をした。出会った人から、今どんなテーマを追っているのかと聞かれて『あしたのジョー』だと答えると、急に興味を示してほとんど例外なく、各自、この作品や時代への思い入れを語り始めるのであった。著者としては実に多くの協力者に恵まれた結果になった。

特に終始、適切なコメントを提供してくれた神崎正樹・明子夫妻に感謝したい。なお原則として登場人物の敬称を省略させていただいた。ご了承下さい。

平成二十八年初秋

森　彰英

参考文献

・『完全復刻版あしたのジョー・全 20 巻』高森朝雄・ちばてつや（1993・KC コミックス）
・『あしたのジョー、の時代』練馬区立美術館（喜多孝臣）編著（2014・求龍堂）
・『「奇」の発想　みんな少年マガジンが教えてくれた』内田勝（1998・三五館）
・『実録！少年マガジン編集奮闘記』宮原照夫（2005・講談社）
・『夕やけを見ていた男　評伝・梶原一騎』斎藤貴男（1995・新潮社）
・『劇画一代』梶原一騎（1975・毎日新聞社）
・『反逆世代への遺言』梶原一騎（1984・ワニブックス）
・『男たちの星』梶原一騎（1973・日本文芸社）
・『妻の道―梶原一騎と私の二十五年』高森篤子（1991・JICC 出版局）
・『スタートは四畳半、卓袱台一つ　漫画原作者・梶原一騎物語』高森篤子（2010・講談社）
・『兄貴　梶原一騎の夢の残骸』真樹日佐夫（2004・ちくま文庫）
・『スポーツマンガの身体』斎藤孝（2003・文春新書）
・『物語　講談社の 100 年　第一巻草創』『同　第四巻拡大』『同第九巻充実』講談社社史編纂室（2010・講談社）
・『昭和　二万日の全記録⑭昭和元禄』『同⑮石油危機を超えて』（1990・講談社）
・『ちばてつやとジョー　戦いと青春の 1954 日』ちばてつや・豊福きこう（2010・講談社）
・『常磐線中心主義』五十嵐泰正・開沼博＝責任編集（2015・河出書房新社）
・『木村政彦はなぜ力道山を殺さなかったのか』増田俊也（2012・新潮社）
・『虚人　寺山修司』田澤拓也（1996・文藝春秋）
・『虚人魁人・康芳夫』康芳夫（1993・学研）
・『雑誌で読む戦後史』木本至（1985・新潮選書）
・『家畜人ヤプー』沼正三（1972。角川文庫）
・『15 歳天井桟敷物語』高橋咲（1998・河出書房新社）
・『「宇宙戦艦ヤマト」をつくった男　西崎義展の狂気』牧村義正＋山田哲久（2015・講談社）
・『昭和アニメソングベスト 100』テリー下沢（2016・北辰堂出版）
・『昭和怪優伝　帰ってきた昭和脇役名画館』鹿島茂（2013・中公文庫）
・『アニメージュ増刊あしたのジョー』（1978 年 10 月・徳間書店）
・『アニメージュ』1980 年 10 月号（徳間書店）
・『アニメージュ』1980 年 11 月号（徳間書店）
・『ボクシング後楽園ホール激闘史「昭和編」』（2014・ベースボール・マガジン社）

＊その他多くの雑誌類を参考にしました。

森　彰英（もり あきひで）
東京生まれ。フリージャーナリスト。東京都立大学（現首都大学東京）人文学部卒。光文社に入社、「週刊女性自身」の編集者を経て独立。数多くの雑誌、新聞の取材執筆に携わってきた。「イベントプロデューサー列伝」（日経 BP 社）「音羽の杜の遺伝子」（リヨン社）「ディスカバー・ジャパンの時代」（交通新聞社）「武智鉄二という藝術」（水曜社）「ローカル線 もうひとつの世界」「本ってなんだったっけ？」「東京 1964-2020」（以上北辰堂出版）「地方交通を救え！」（共著・交通新聞社）など著書多数。

『あしたのジョー』とその時代

平成 28 年 10 月 10 日発行
著者 / 森 彰英
発行者 / 今井恒雄
発行 / 北辰堂出版株式会社
〒 162-0801 東京都新宿区山吹町 364 SY ビル
TEL:03-3269-8131 FAX:03-3269-8140
http://www.hokushindo.com/
印刷製本 / 株式会社ダイトー

ISBN 978-4-86427-214-8 定価はカバーに表記

ISBN 978-4-86427-193-6

好評発売中

レイテ沖海戦最後の沈没艦

駆逐艦「不知火」の軌跡

福田 靖

ISBN 978-4-86427-217-9

真珠湾攻撃に出撃以来、3年間にわたって太平洋であばれまくり、レイテ沖海戦で日本海軍最後の沈没艦となった「不知火」の軌跡をたどりながら、「大和」を最後とする連合艦隊の終焉を見事に描いた新鋭のデビュー作!!

四六並製　定価：1600円＋税

北辰堂出版